크리스천 스타트

크리스천이라면 미루지 말고 해야 할 중요한 일 53가지

크리스천
스타트

김동호

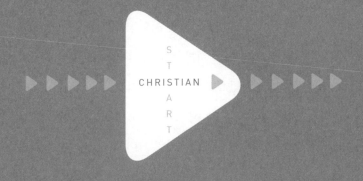

STARTCHRISTIAN

규장

크리스천 스타트
개정판을 내며

규장 덕분에 지금껏 참 많은 책을 출판할 수 있었다. 내가 한참 책을 쓸 때는 시절이 지금 같지 않아 제법 많은 책들이 팔리기도 했다. 그러나 그럼에도 불구하고 세월이 많이 흘러 그중 많은 책들이 절판되어 사라졌다. 물론 더러는 절판되지 않고 명맥을 이어오고 있기도 하지만 말이다.

저자에게 책은 자식 같아서 절판되어 사라져가는 책들을 보면 마음이 조금 아린다. 세계적인 명작이 아닌 바에야 책이라는 게 무한정 찍어낼 수는 없는 것이어서 당연한 일로 받아들일 수밖에 없지만, 그래도 마음 한구석이 허전하다.

그런데 출판사의 수고로 내가 냈던 책 중에《크리스천 스타트》를 개정판으로 다시 작업하여 새롭게 선보일 수 있게 되었다. 얼마나 기쁘고 감사한지 모른다.

초판 서문에도 썼지만, 운동이든, 공부든, 건축이든, 신앙이든 기초와 기본이 가장 중요하다. 그럼에도 불구하고 우리는 그것을 종종 소홀히 여기기 쉽다. 처음에는 티가 잘 안 나지만 시간이 가면 갈수록 여기저기서 문제가 발생한다. 기초공사를 소홀히 한 집이 얼마 안 가 군데군데 금이 가고, 물이 새고, 하자가 생기듯이 말이다. 그런데 가장 큰 문제는 기초가 약하면 아무리 노력하고 투자해도 그 효과가 미비하며 어느 이상 발전하지 않는다는 것이다.

평생 목회를 하면서 절실히 느낀 것도 마찬가지다. 많은 이들이 신앙생활과 교회생활에 있어서 가장 기본이 되는 것을 다 아는 것처럼 생각하고 그냥 넘어간다. 그리고 그에 대해 이야기해주고 가르쳐주려고 하면 자기를 무시한 것같이 여기곤 한다. 그래서 어렵다.

《크리스천 스타트》의 초판을 쓴 지가 벌써 20년이 넘었다. 다시 봐도 조금 유치한 내용이다. 어떤 건 요즘 시대와 잘 맞지 않는 이야기 같아 보이기도 한다. 하나 마나 한 이야기인 것 같은 내용도 있다. 그런 내용이다.

그러나 교회생활을 오래 해온 성도분들이나 직분자들이 다시 한번 읽고 기초와 기본을 새롭게 한다면 분명 교회생활과 신앙생활에 도움이 되리라 생각한다.

점점 초신자들의 입교가 줄어들고 있기는 하지만 처음 교회생활을 시작하는 분들이나 세례와 입교를 받은 분들이 읽고 공부한다면 좀 더 건강하고 발전적인 교회생활과 신앙생활을 해나갈 수 있으리라 감히 기대한다.

그렇게 귀히 쓰임 받기를 기대하고 기도하는 마음으로 개정판을 내어놓는다. 수고해준 규장 출판사에 다시 한번 깊은 감사를 드린다.

2019년 2월

김동호

START
CHRISTIAN ▶

신앙의
기초체력 다지기

훌륭한 운동선수가 되려면 기술을 연마하기 전에 먼저 기초체력 훈련과 기본기 훈련을 열심히 해야 한다. 기초체력이 약하고 기본기가 제대로 닦이지 않은 사람은 절대로 훌륭한 선수로 성공할 수 없다.

공부를 할 때도 기초가 중요하다. 공부를 끝까지 잘하려면 기초가 튼튼해야만 한다. 기초가 제대로 되어 있지 않은 학생은 후에 아무리 열심히 공부를 해도 진도가 나가지 못하며 좋은 성과를 거둘 수 없다.

그것은 예수를 믿는 데서도 마찬가지다. 예수를 정말 잘 믿는 사람이 되려면 신앙의 기초가 튼튼해야 하고 신앙생활의 기본기가 든든해야만 한다. 우리 한국교회가 1970,80년대에 급성장하다가 갑자기 90년대에 와서 성장을 멈추게 된 것은 사회적인 문제 때문만은 아니다. 교인들의 기본기가 약하기 때문에 더 이상의 성장과 발전이 어려워지고 있다.

학교 공부는 1학년부터 시작하여 누구나 기초부터 공부를 한다. 그래서 특별히 꾀를 부리거나 게으르지 않고 착실히 학교생활을 따라가다 보면 기초를 든든히 할 수 있다. 운동선수가 되어도 마찬가지다. 운동선수가 되기로 작정하면 기초체력 훈련과 기본기부터 다지게 된다.

그러나 교회는 그것이 그렇게 쉽지 않다. 수백, 수천 명의 교인이 한 장소에서 함께 예배를 드린다. 거기에는 오늘 처음 교회에 나온 사람부터 1년, 10년, 평생을 믿은 사람까지 함께 모여 있다. 물론 교회에 따라서는 처음 예수를 믿은 사람들을 따로 훈련시키는 과정이 있는 곳도 있다. 그러나 모든 새신자가 그 과정에 참여하는 것도 아니고 또 참여한다고 해도 그 짧은 과정을 통하여 신앙의 기본기를 잘 훈련할 수 있게 되는 것도 아니다.

그러므로 10년, 20년 교회생활을 해도 신앙의 기본기들을 제대로 배울 기회를 갖기가 어렵다. 그러면서도 세월이 지나면 직분을 맡게 되고 사람에 따라서는 중직을 맡기도 한다. 신앙의 연륜이 오래되고 또 교회의 중직을 맡게 되면 사람들은 으레 그가 신앙의 기본기가 튼튼할 것이라고 생각하고 신앙의 기본적인 훈련을 받게 하는데, 이것은 그를 무시하는 처사라고 여겨진다.

결국 신앙의 기본기를 잘 닦을 틈도 없이 직분자가 되고 중직자가 된다. 그러나 신앙의 기본기가 약하기 때문에 맡은 직분을 제대로 잘 감당하기가 어렵다. 자연히 교회도, 자신도 힘들어질 수밖에 없으며 그로 인하여 시험에 드는 경우가 얼마나 많은지 모른다.

목사와 장로, 그리고 교인들 할 것 없이 신앙생활과 교회생활의 기본을 다시 배워야 한다. 정확히 이야기하면, 배운 적이 거의 없으니 처음부터 새로 배워야 한다. 아주 유치하다고 생각하는 것부터 꼼꼼히 한 번 짚어가면서 배워볼 필요가 있다.

유치해 보여도 우리가 신앙의 기본기를 처음부터 다시 공부하고 훈련하지 않으면 개인의 신앙도 절대 발전하지 못할 것이며, 우리 한국교회도 절대 발전하지 못할 것이다. 기초와 기본이 약한데도 중직을 맡거나 교회가 커진다면 결국 그것 때문에 시험 들고 무너지고 말 것이다.

우리 모두가 다 신앙생활과 교회생활의 기본부터 새롭게 배워야 한다는 절실한 필요성을 가지고 이 책을 집필했다. 언뜻 보기에 유치해 보이지만 어린아이 같은 겸손한 마음으로 꼼꼼히 읽고 그대로 실천해 보려고 노력한다면 분명 조금이라도 우리 자신과 교회에 도움이 되리라고 생각한다.

1998년 3월

김동호

PART 2

묵은 능력을
되살려라

PART 3

묵은 사랑에
불씨를 던져라

PART 4

묵은 양심을
뒤흔들라

PART 1

묵은 신자여
일어나라

01 말씀생활

 "성경? 대충은 압니다. 새삼스럽게 말씀 연구라니요.
아버지 말씀을 외고 다니는 사람도 있나요?"

미신적인 종교에서 신앙생활을 하는 사람들에게 필요한 것
은 자기들이 믿고 섬기는 신의 능력뿐이다. 신의 뜻이나 말씀
에는 별로 관심이 없다. 신의 뜻대로 살기 위해서 신앙생활을
하는 것이 아니라 신의 능력으로 자기의 뜻과 욕심을 이루기
위하여 저들은 신앙생활을 한다.

우리 기독교인들도 우리가 믿고 섬기는 하나님의 능력을 의지하고 필요로 한다. 그러나 하나님의 능력 못지않게 중요시하는 것은 하나님의 말씀이다. 기독교인들은 자기의 욕심과 뜻대로 살려고 하기보다는 하나님의 뜻과 말씀대로 살기 위해 노력한다. 하나님의 말씀 속에 하나님의 능력이 나타난다고 믿는다. 실제로 하나님은 말씀으로 천지 만물을 창조하셨고 그 말씀으로 이 세상 만물을 다스리고 통치하고 계신다.

기독교의 신앙은 하나님의 능력을 빌려 내 욕심을 채우고 이룰 때 천국의 생활이 나타나는 것이 아니라, 나의 욕심과 생각을 버리고 하나님의 말씀과 뜻대로 순종하여 살 때 하나님나라가 임한다고 믿고 있고, 그것은 사실이다. 그러므로 우리 기독교는 말씀을 떠나 존재할 수 없다.

그럼에도 불구하고 많은 교인이 말씀을 떠나 신앙생활을 하고 있다. 미신을 섬기는 사람들처럼 하나님의 말씀보다는 하나님의 능력에만 집착하는 신앙생활을 하고 있다. 하나님을 섬기는 것이기 때문에 미신이라고 할 수는 없으나 미신적인 수준에서 하나님을 믿고 섬기는 사람들이 얼마나 많은지 모른다.

따라서 바른 신앙생활을 위하여 말씀생활의 훈련처럼 중요한 것은 없다. 성경을 읽고 묵상하며, 설교를 듣고 그 말씀대로 순종하여 사는 데까지 꼼꼼히, 그리고 철저히 훈련하고 연습해야 한다. 충실한 말씀의 훈련을 통하여 미신적인 수준의 신앙생활에서 벗어나 참기독교인으로서의 삶을 살아내는 우리가 되어야겠다.

👏 신앙 기본으로 돌아가자

유대인들은 모세오경을 외우며 자란다. 아무리 머리가 나쁜 아동이라도 최소한 신명기는 외운다. 많은 현대 교육학자는 유대인들이 예술, 사상, 과학, 금융, 경영 분야에서 발군의 실력을 발휘하는 원인이 말씀 암송에 있다고 말한다. 어려서는 잘 모르지만 성경을 암송해둔 아동들은 자라면서 도덕성과 감성, 지성의 기초가 자연스럽게 잡히고, 그 기초 위에서 세계, 주변인과 상호작용 해나가기 때문이라는 것이다. 암송 교육을 전근대적인 것으로 몰아붙이는 철부지들이 있다. 속지 말라. 성경 암송은 영적인 문리(文理)를 깨우쳐준다.

02 성경 읽기

말씀은
먹는것.

신앙생활에서 하나님의 음성을 듣는 것처럼 중요한 일은 없
다. 하나님의 음성을 들을 수 있는 길이 여럿 있지만 가장 확
실하고 정확한 방법은 성경을 통하여 하나님의 음성을 듣는
것이다. 왜냐하면 하나님은 성경을 통하여 오늘날 우리에게
말씀하시기 때문이다.

그러므로 누구든지 하나님이 말씀하시는 것을 들으려면 성경을 읽어야만 한다. 누구나 성경을 읽으면 때마다 자신에게 말씀하시는 하나님의 음성을 들을 수 있다.

나의 경우 주일설교는 그때그때 제목 설교를 하지만 수요기도회와 새벽기도회에서는 정해진 책을 차례대로 강해하며 설교했다. 삼일기도회에서는 한 권씩 책을 택하여 강해하고 새벽기도회에서는 하루 한 장씩 차례대로 읽어나갔다. 그런데 놀라운 일은 내가 선택한 본문이 아닌데도 설교를 위하여 그 말씀을 정독하다 보면 언제나 오늘 나에게 주시는 살아 계신 하나님의 음성을 들을 수 있다는 것이다.

특히 새벽기도회 때 매일 한 장씩 읽고 묵상하고 잠깐 설교하는 말씀이 그렇게 신기할 수 없다. 그래서 새벽에 성경을 읽을 때마다 마치 그날 새벽에 배달된 잉크 냄새가 나는 조간신문을 보는 것과 같은 느낌을 언제나 받곤 한다. 어제 이야기도 아니고 내일 이야기도 아닌 언제나 오늘 나에게 주시는 하나님의 말씀을 나는 만난다. 그런 마음으로 말씀을 읽을 때마다 나는 참으로 기가 막힌다. 그래서 그와 같은 감동을 묶어 보잘것없지만 《날마다 기막힌 새벽》이라는 책을 내기도 했다.

여러분들도 성경을 통하여 살아서 말씀하시는 하나님의 음성을 들을 수 있기를 권한다. 그것은 누구에게나 가능한 일이요 그다지 어려운 일이 아니다.

성경을 통하여 오늘 나에게 말씀하시는 살아 계신 하나님의 음성을 듣는다는 것은 정말로 기막힌 일이 아닐 수 없다. 그런 축복을 함께 누리기를 원한다면 다음 몇 가지만 명심하고 실천하면 된다.

첫째, 믿음을 가지고 읽는다.

오늘 나에게 주시는 하나님의 말씀이 있다는 믿음을 갖고 성경을 읽는 것이 중요하다. 오늘 읽는 말씀 속에 오늘 나에게 주시는 하나님의 말씀이 분명히 있다. 그 믿음을 가지고 마치 보물을 캐는 사람처럼 오늘 나에게 말씀하시는 하나님의 음성이 들릴 때까지 고집스럽게 읽고 또 읽는 것이다. 처음에는 쉽지 않지만 믿음을 가지고 끝까지 인내하면 정말 오늘 나에게 주시는 하나님의 말씀을 들을 수 있다.

둘째, 다독보다는 정독을 한다.

개인적인 의견이지만 성경은 다독도 좋지만 정독이 좋다. 한 말씀 한 말씀의 의미를 생각하고 묵상하면서 성경을 읽는 습관을 들이는 것이 중요하다. 그러기 위하여 간단한 주석이나 설명이 달려 있는 주석성경이나 묵상성경을 사용하는 것이 도움이 될 수 있다.

셋째, 매일 읽는다.

성경을 읽는 데서 무엇보다도 중요한 것은 성경을 조금씩이라도 매일 읽는 것이다. 그래야만 말씀의 맥이 이어지고 끊어지지 않게 된다. 오늘 나에게 주시는 하나님의 말씀을 늘 체험하면서 살려면 매일매일 성경을 읽어야만 한다. 가끔씩 생각날 때마다 읽으면 오늘 나에게 주시는 기막힌 말씀은 거의 놓치게 될 것이다. 말씀에 대한 감각이 떨어지기 때문이다. 외국어를 공부할 때도 하루에 30분씩 매일 하는 것이 중요한 것처럼 하나님의 말씀도 마찬가지다. 하루 한 장이라도 매일 성경을 읽는 것이 중요하다.

주일날 예배 시간에만 성경을 읽는 교인들이 얼마나 많은지 모른다. 이왕에 예수를 믿으려면, 그리고 예수 믿는 기쁨을 알고 예수를 믿음으로 받는 최고의 축복을 누리면서 살기를 원한다면 더 이상 미루지 말고 당장 매일 성경 읽기를 생활화할 수 있기를 바란다. 매일 믿음을 가지고 성경을 읽는 것, 그리고 그것을 통하여 하나님과 대화하는 법을 배우는 것이 예수 믿는 사람이 제일 먼저 해야 할 가장 중요한 일임을 명심할 수 있기를 바란다.

믿음을 가지고 정독하며 매일매일 성경을 읽으면 성경 읽는 맛을 알게 될 것이다. 말씀의 맛을 알게 되면 그때 비로소 예수 믿는 맛을 알게 된다. 세상에는 예수 믿는 맛을 모르고 예수 믿는 것이 밤낮 좁은 길이고 십자가의 길인 줄로만 아는 사람들이 얼마나 많은지 모른다.

그렇지 않다. 예수를 믿는다는 것은 세상의 그 어떤 것보다 즐거운 일이요 재미있는 일이다. 그 맛을 알기만 한다면 비록 예수 믿는 일이 좁은 길을 가는 것이요 때로는 십자가를 져야만 갈 수 있는 길임에도 불구하고 누구나 예수를 믿으려고 할 것이다. 그 맛이 성경에 있다. 성경 읽기를 통하여 그 맛을 깨달을 수 있기를 바란다.

주의 말씀의 맛이 내게 어찌 그리 단지요 내 입에 꿀보다 더 다니이다 시 119:103

✋ 신앙 기본으로 돌아가자

올리버 크롬웰(Oliver Cromwell)은 한 전투에서 적이 쏜 탄환에 왼쪽 가슴을 맞았다. 쓰러지는 그를 참모들이 부축했다. 죽은 줄만 알았던 그는 마치 잠에서 깨어난 사람처럼 부스스 일어났다. 그리고 그는 갑옷 밑을 뚫고 들어가다가 늘 몸에 지니고 다니던 성경책을 미처 다 뚫지 못하고 멈춰버린 탄환을 자기 손으로 꺼냈다. 탄두가 뚫고 들어가 가리키고 있는 성경의 맨 마지막 부분은 전도서 12장 1절 말씀이었다.

"너는 청년의 때에 너의 창조주를 기억하라 곧 곤고한 날이 이르기 전에, 나는 아무 낙이 없다고 할 해들이 가깝기 전에."

성경을 가까이하라. 당신에게 손해될 게 전혀 없다!

03 설교 복습

"솔직히 말하면 설교 본문은 예배가 끝나는 동시에, 제목은 교회를 나서면서 잊어버립니다. 기억에 남는 설교를 해주시면 안 되나요?"

내가 생전 처음으로 단독 목회를 하던 교회에 70세가 거의 다 되신 권사님이 한 분 계셨다. 연세에 비해 상당히 인텔리인 분이셨는데 부족한 사람의 설교를 좋아하셔서 늘 설교를 경청하시곤 하셨다.

어느 날 권사님 댁에 심방을 갔는데 참으로 놀라운 것을 발견하게 되었다. 그것은 대학 노트로 몇 권이나 되는 설교 노트였다. 거기에는 몇 년 동안 그 교회에서 주일 낮 예배와 수요기도회 때 한 설교가 거의 한 주도 빠짐없이 기록되어 있었다.

그 노트는 설교 시간에 작성된 것이 아니었다. 설교 시간에는 그냥 설교만 경청하곤 집에 돌아오셔서는 하루쯤 지난 후 전날 들은 설교를 기억해내어 차분히 앉아 정리하셨다는 것이다. 거기에는 내 설교만 정리되어 있는 것이 아니라 그 설교를 통하여 당신이 받으신 은혜까지 자세히 기록되어 있었다.

설교를 노트해야 되기 때문에 권사님은 언제나 설교에 집중하시며 주보에 간단히 설교 내용을 메모하셨다. 그러고는 집으로 돌아와 그다음 날이 되면 전날의 설교를 되살리며 정리하곤 하셨다는 것이다. 그 권사님은 설교를 들을 때도 은혜가 많았지만 그 설교를 정리할 때 더 은혜가 풍성해졌다고 하셨다.

어느 교회에서 고등부를 지도할 때 고등학교 1학년 학생 하나가 일 년 동안 나의 설교를 노트하여 성탄절 선물로 보낸 적이 있었다. 그 설교 노트는 나보다 그 학생에게 더 긴요

할 것 같아 감사한 후 도로 돌려주었다.

그동안 나의 설교를 정성껏 노트에 필기하여 남겨둔 사람을 세 사람 보았다. 그 이상일지는 모르나 내가 확실하게 아는 분은 세 분이다. 두 분은 앞서 이야기한 권사님과 고등학교 1학년 학생이었고 또 한 분은 교회에서 나와 함께 장년 성경공부반에서 공부하신 분이었다.

공부는 복습을 잘해야 한다. 복습을 잘해야 공부를 잘할 수 있다. 우리의 신앙 성적을 높이기 위해서는 반드시 복습을 해야만 한다. 우리의 신앙 수준과 성적이 낮은 중요한 이유 중에 하나는 설교를 잘 복습하지 않기 때문이다.

신앙생활을 잘하기 위하여 설교를 노트하기를 권한다. 그리고 그것을 복습할 수 있기를 권한다. 여건상 그것이 어렵다면 교회 홈페이지에 매주 올라오는 설교 영상을 몇 번 반복하여 보기를 권한다. 볼 때마다 새삼스런 은혜를 받게 될 것이다.

여러분은 지난주 담임목사님의 설교 내용이 무엇이었는지 기억할 수 있는가? 내용은 고사하고 제목이 무엇이었는지 기억할 수 있는가? 예전 교회에서 함께 신앙생활 하던 교인 한 분을 20여 년 만에 만났는데 그분은 1982년 10월 영락교회

대예배 때 내가 했던 설교의 제목과 내용을 기억하고 있었다. 물론 나도 기억하고 있다.

들은 말씀이 중요한 것이 아니라 내 기억 속에 남아 있는 말씀이 중요한 것이다. 말씀을 기억하기 위하여 설교를 노트하거나 설교 영상을 반복하여 볼 것을 권하고 싶다.

만일 우리의 자녀들이 우리가 신앙생활을 하듯 그저 학교에서 강의만 듣고 노트도 하지 않고 복습도 하지 않는다면 백이면 백, 다 낙제생이 될 것이다. 평생 교회를 다니는데도 신앙의 낙제생이 많은 이유가 바로 여기에 있다. 말씀과 설교는 그저 읽고 듣는 것만으로는 안 된다. 공부해야 한다. 그래서 성경은 우리에게 경건에 이르기를 연습하라고 말씀해주고 있다(딤전 4:7).

말씀의 복습을 통하여 말씀이 학습되고, 말씀이 학습됨으로 삶의 현장에서 구체적으로 그 말씀을 적용하며 살아가는 영적 우등생들이 다 될 수 있기를 바란다.

🖐 신앙 기본으로 돌아가자

초대교회와 청교도들에게 교제는 친목회가 아니었다. 그들은 선포된 말씀을 중심으로 함께 토론하고 경험을 주고받으며 기도하는 시간을 가졌다. 이런 시간을 통하여 그들은 선포된 말씀을 그냥 흘려보내지 않고 심령의 저수지에 담아 한 번 더 묵히고 거르고 끌어올리는 시간을 가졌던 것이다. 초대교회의 능력과 청교도의 경건을 한없이 부러워하면서도 선포된 말씀에 대한 복습이 없는 안이한 우리, 영적 성장은 말씀의 저수(貯水) 능력에 달려 있다!

04 성경 공부

"나도 압니다. 아브라함이 100세에 이삭 낳은 것, 예수님의 열두 제자 이름. 그런데 무슨 성경 공부를 하라는 겁니까?"

성경을 읽고 암송하고 설교를 노트하여 복습하는 것도 중요하지만 그 모든 것을 위하여 빠트려서는 안 되는 게 하나 있다. 바로 성경을 꼼꼼히 그리고 체계적으로 공부하는 것이다. 그렇지 않으면 성경 해석을 잘못해서 열심히 성경을 읽고 암송하면 할수록 엉뚱한 결과를 가져올 수 있기 때문이다.

내 경우도 성경 해석을 잘못해서 전혀 엉뚱한 설교를 한 적이 몇 번 있었다. 출애굽기에 보면 조각목으로 단과 궤를 만들라는 말씀이 있다. 나는 조각목을 조각조각 난 나무로 이해하고 "부족하지만 조각 나무 같은 우리라도 서로 연합하여 하나를 이룰 때 아름다운 하나님의 단과 궤를 이룰 수 있다"는 식으로 설교를 했다.

그러나 나중에 알고 보니 성경의 조각목은 그런 뜻이 아니었다. 아카시아 나무를 우리 성경은 조각목이라고 번역해놓았던 것이다. 꿈보다 해몽이 좋다고 전혀 엉뚱한 말씀으로 설교를 한 것이었다. 지금도 생각하면 얼굴이 뜨거워진다. 어떤 목사님은 그것을 칼로 아름답게 조각한 나무라고 해석하여 설교를 했다고도 한다.

다행히도 조각목을 조각 난 나무라고 해석하여 제멋대로 설교를 하였지만 그것 때문에 큰 영적 피해를 입지는 않았다. 정말 꿈보다 해몽이 좋았기 때문이다. 그러나 그런 식으로 제멋대로 해몽을 하다가는 언젠가는 치명적인 실수도 반드시 하게 될 것이다. 우리는 그것을 두려워해야만 한다.

성경은 성경을 사사로이 풀지 말라고 우리에게 말씀해 주신다(벧후 1:20). 성경을 제멋대로 풀다가는 커다란 실수를 범할 수 있기 때문이다. 이단들이 범하는 오류가 바로 거기에 있다. 그와 같은 심각한 오류를 막는 길은 성경을 체계적으로 꼼꼼히 공부하는 것뿐이다. 요즘에는 조금만 열심을 낸다면 얼마든지 성경을 공부할 수 있는 길이 있다. 교회 안에서도 얼마나 많은 성경 공부 프로그램이 운영되고 있는가? 할 수 있는 대로 열심히 참여하고 성경을 배울 수 있기를 바란다.

그리고 기독교 서점에 나가면 일반 교인들도 얼마든지 읽기 쉽게 출판되어 있는 성경 강해나 주석을 구할 수 있다. 그와 같은 책들을 구해서 꼼꼼히 성경을 연구하면서 공부해보기를 권한다. 우리의 삶에서 예수를 믿는 것보다 더 중요한 일은 없다. 그토록 중요한 신앙생활을 대충대충 한다는 것은 얼마나 어리석은 일인지 모른다.

학생들이 공부를 그렇게 한다면 다 낙제생이 될 것이요, 사업하는 사람들이 우리가 예수 믿는 식으로 사업을 한다면 벌써 다 망하고 말았을 것이다. 세상에 다른 일은 그렇게 꼼꼼히 열심히 연구하면서 예수만큼은 적당히 믿으려 한다는 것은 얼마나 어리석고도 위험한 일이겠는가?

무슨 일을 하든지 그것을 잘하려면 끊임없이 연구해야 한다. 예수도 잘 믿으려면 성경을 끊임없이 연구하고 공부해야 한다. 복되고 아름다운 신앙생활을 위하여 철저한 성경 공부와 연구를 더 이상 미루지 말고 실천하기를 권한다.

성경 공부 하면 생각나는 일이 하나 있다. 의사 한 분이 뒤늦게 서리집사 임명을 받았다. 집사 임명을 받은 후 그 집사님은 목사님에게 좋은 신학생 한 분을 소개해달라고 부탁을 했다.

그 이유를 물으니 집사는 되었는데 자기가 성경에 대하여 너무 아무것도 모르니 성경 과외를 하기 위해서라고 했다. 목사님은 신학생 한 분을 소개해주었고 그 집사님은 정말 그 신학생과 함께 성경 과외를 했다. 내가 자라난 모교회에서 있었던 일이다.

지금 우리 교회에는 아이에게 성경 과외를 시키는 가정이 있다. 아직 유치원에 다니는 아들과 딸이 신학대학을 졸업한 목사님, 사모님에게 성경 과외를 받게 한 것이다. 얼마나 지혜롭고 훌륭한 부모인지 모른다.

여러분도 성경 과외를 한번 받아보면 어떨까!

🖐 신앙 기본으로 돌아가자

아침마다 일어나 성경의 아무 데나 펼치고 눈에 띄는 말씀을 오늘의 양식으로 삼겠다고 결심한 사람이 있었다. 어느 날 그가 성경을 펼쳤다.

"내가 예수를 너희에게 넘겨주리니 얼마나 주려느냐 하니 그들이 은 삼십을 달아 주거늘"(마 26:15).

섬뜩해진 그가 다른 곳을 펼쳤다.

"예수께서 이르시되 친구여 네가 무엇을 하려고 왔는지 행하라 하신대 이에 그들이 나아와 예수께 손을 대어 잡는지라"(마 26:50).

'이건 아니야' 하는 마음으로 다시 펼쳤다.

"유다가 은을 성소에 던져 넣고 물러가서 스스로 목매어 죽은지라"(마 27:5).

당신은 성경을 점치는 도구로 이용하고 있지 않은가? 성경은 인격으로 교직(交織)된 하나님의 말씀이기에 진실하게 연구할 때 우리에게 열린다!

05 말씀 실천

학교 다닐 때 수학을 배웠다. 수학에 뛰어났던 것은 아니나 그렇게 뒤떨어진 것도 아니어서 그래도 제법 점수가 나쁘지 않았었다. 그런데 요즘 아이들이 푸는 수학 문제를 보면 도저히 감도 잡히지 않는다. 고등학교를 졸업한 후 50년이 넘도록 수학이 거의 필요 없는 생활을 해왔기 때문이다. 아무

리 열심히 공부해도 그것을 쓰지 않는다면 절대로 실력이 늘지는 않을 것이다. 늘지 않는 것이 아니라 결국에는 퇴보하고 말 것이다.

아무리 성경을 열심히 읽고 암송하고 공부한다고 하여도 그 말씀대로 삶에 적용하지 않는다면 신앙이 자랄 리가 없다. 나중에는 퇴보하여 성경을 읽거나 공부하지도 않는 사람이 되고 말 것이다. 많은 교인이 처음에는 제법 열심히 성경을 읽기도 하고 암송하기도 하고 공부하기도 하다가 나중에는 흐지부지하게 되는 까닭은 말씀을 공부만 했지, 그것을 실생활에서 적용하고 실천하지 못했기 때문이다. 하나님의 말씀은 공부하는 것보다 실천하는 것이 더 힘들고 어렵다.

하지만 하나님의 말씀대로 사는 것은 사실 생각처럼 그렇게 힘들고 어려운 것이 아니다. 다만 우리가 사탄에게 속아 그렇게 느낄 뿐이다. 사탄은 말씀대로 사는 것은 불가능한 일이며 또 그렇게 산다면 손해가 많다고 우리를 속인다. '말씀대로 살다가는 밥 굶기 딱 좋다'고 우리를 속인다. 그러나 사실은 그렇지 않다. 하나님은 이 세상을 말씀으로 창조하셨고 지금도 말씀으로 다스리고 계시기 때문이다. 이 세상의 주인은 사탄이 아니라 하나님이시라는 것을 잊어서는 안 된다. 하나님의 말씀은 천국에서만 통하는 것이 아니라 이 세상에서도 통한다는 사실을 우리는 알아야 한다.

말씀대로 살면 처음에는 십자가를 지지만 나중에는 면류관을 쓰게 될 것이며, 처음에는 좁은 길을 가지만 나중에는 탄탄대로를 걷게 될 것이다. 말씀대로 살면 반드시 성공하고 축복받는다. 많은 사람이 사탄에게 속아서 아예 처음부터 말씀을 포기하기 때문에 그 맛을 몰라서 그렇지, 말씀대로 사는 사람은 말씀의 맛을 안다.

일단 한번 그 맛을 보면, 그다음부터는 말씀대로 사는 것이 쉬워지고 말씀을 읽고 암송하고 공부하는 일이 즐거워지게 된다. 이 단계에 들어서야만 신앙생활을 즐겁게 할 수 있다. 그렇지 않으면 평생 마지못해 습관적으로 신앙생활을 하는 불행한 사람이 될 수밖에 없다.

그러므로 신앙생활을 하는 데서 가장 중요한 것은 하나님께서 말씀하신 대로 순종하여 말씀을 이 세상에서 적용하고 실천하는 일이다. 그리고 결과를 열매로 얻어 그 맛을 보는 것이다. 참으로 안타깝고 불행한 일은 수많은 교인 중에 말씀의 맛을 모르는 사람들이 너무나 많다는 점이다.

"너희는 여호와의 선하심을 맛보아 알지어다"(시 34:8).

하나님의 말씀을 들으면 이해가 되든 이해가 되지 않든, 그리고 자신에게 손해가 된다고 생각하든 이익이 된다고 생각하든 상관하지 말고 무조건 순종하라. 말씀을 실천하고 적용하라. 신앙생활과 말씀생활에서 가장 중요한 것은 '말씀의 적용과 실천'이다.

처음에는 좀 힘들겠지만 생각보다는 힘들지 않다. 조금 힘들어도 하나님의 말씀을 구체적인 삶의 현장에 적용하고 실천하면 반드시 말씀의 열매를 따게 될 것이고, 열매를 따게 되면 그 열매의 맛을 볼 수 있게 될 것이다. 일단 그 단계에 들어서면 그다음부터는 아주 쉬워진다. 세상 어디서도 맛볼 수 없는 기막힌 맛에 반해 그 열매를 얻기 위해 열심을 낼 수 있기 때문이다. 그러면 신앙생활이 점점 쉬워질 뿐만 아니라 점점 더 즐거워지게 된다. 점점 더 많은 열매를 따고 맛보게 될 것이다. 점점 더 신앙생활이 즐거워지고 깊어질 것이며 그러면 점점 더 많고 귀한 열매들을 따게 될 것이다.

우리가 예수님 앞에 설 때까지 반복될 그런 상승작용을 통하여 우리의 삶은 천국이 될 것이요 우리의 삶의 수준은 그리스도의 장성한 분량이 충만한 데까지 이르게 될 것이다. 말씀을 듣고 실천하는 사람들이 될 수 있기를 권한다.

너희는 말씀을 행하는 자가 되고 듣기만 하여 자신을 속이는

자가 되지 말라 약 1:22

👏 신앙 기본으로 돌아가자

한 선비가 강을 건너게 해주는 사공에게 뻐기듯 물었다.

"자네 글을 지을 줄 아는가?"

"모릅니다."

"그럼 세상 사는 맛을 모르는구먼."

"그럼 공맹의 가르침은 아는가?"

"모릅니다."

"쯧쯧, 인간의 도리도 모르고 사는구먼."

"그럼 글은 읽을 줄 아는가?"

"아닙니다, 까막눈입니다."

"이런 세상에! 자넨 왜 사는가?"

이때 배가 암초에 부딪혀 가라앉게 되었다. 이번엔 반대로 사공이

선비에게 물었다.

"선비님, 헤엄치실 줄 아십니까?"

"아니, 난 헤엄칠 줄 모르네."

"그럼 선비님은 죽은 목숨이나 마찬가지입니다!"

말씀을 듣기만 하지 말고 실천하라. 실천한 말씀에는 신비한 부력

이 있다!

"예배와 생활은 별개 아닙니까? 어떻게 꼭 교회에서처럼 삽니까? 죄 많고 더러운 세상을 살다 보면…."

사마리아 여인이 예수님에게 자기들의 조상은 그리심산에서 제사를 드리고 유대인들은 예루살렘에서 제사를 드리는데 "과연 어디서 제사를 드리는 것이 옳은가"를 질문하였다. 그때 예수님은 "어디서 제사를 드리는지가 중요한 것이 아니라 어떻게 제사를 드리는지가 중요하다"라는 말씀을 하셨다.

영과 진리로 예배를 드리는 것이 중요하며 하나님은 그렇게 예배 드리는 자를 찾으신다고 말씀하셨다.

신앙생활에서 가장 중요한 것이 있다면 그것은 '예배'이다. 교육도 중요하고 선교도 중요하지만 가장 중요한 것은 예배 이다. 신앙생활과 교회생활에서 예배보다 더 중요한 것은 있 을 수 없다. 예배가 살아야 교회가 살고, 예배가 살아야 교 인인 우리가 산다. 예배가 습관화되고 형식화되면 교회도 죽 고 우리도 죽는다. 영과 진리로 드리는 예배, 그리하여 은혜 충만 성령 충만한 예배에 우리의 생명이 달려 있다고 해도 절 대로 과언이 아니다.

동안교회에 처음 부임했을 때 여러 부서의 봉사자들이 다 열심히 봉사했지만, 그중에서도 가장 열성적인 사람들 중의 하나가 예배부원이었다. 그때는 교회당이 좁아서 주일 낮 예 배를 다섯 번 드릴 때였는데 1부부터 5부까지 한 번도 빠지 지 않고 안내와 봉사를 하는 것이었다. 목사보다 더 일찍 나 와서 예배 준비를 하고 목사보다 더 늦게까지 남아서 뒷정리 를 하곤 했다. 그 열심과 헌신은 다른 교회에서 쉽게 찾아보 기가 어려울 만큼 대단했다.

그런데 나중에 매우 중요한 사실을 하나 발견하게 되었

다. 봉사자들이 안내만 할 뿐 예배를 드리지 않는다는 것이었다. 그 이유를 물으니 다른 교인들이 예배를 잘 드릴 수 있게 자기들은 희생을 한다는 것이었다.

삼일기도회 시간에 기회가 있어서 그 이야기를 하게 되었다. 봉사도 중요하지만 예배가 더 중요하며 예배는 절대로 희생할 수 없다는 것을 이야기했고, 예배를 드리지 않고 봉사만 열심히 하다 보면 나중에 교회에 큰 문제를 일으키는 사람이 될 수 있다고 했다. 예배 없이 봉사하면 하나님의 마음과 생각으로 교회를 섬기지 않고 자기의 마음과 생각으로 교회를 섬길 수밖에 없는데, 그럴수록 문제가 발생하고 골치 아픈 일들이 일어나게 된다는 것을 말씀드렸다.

그리고 우리 한국교회의 가장 골치 아픈 문제가 바로 여기서 비롯된다는 말씀도 덧붙였다. 예배는 건성으로 드리고 당회와 제직회, 노회와 총회 같은 회의를 열심히 하고 봉사를 한답시고 열심을 내다가 결국은 교회의 주도권을 가지고 서로 싸우는 일이 한국교회의 가장 보편적이고 골치 아픈 문제이기 때문이다.

회의도 중요하고 봉사도 중요하지만 무엇보다 예배가 중요하다. 하나님은 회의 잘하는 사람도 찾으시고 봉사 잘하는 사람도 찾으시지만 그보다 영과 진리로 하나님께 예배하는 자들을 찾으신다. 예수를 참으로 잘 믿는 사람이 되기를 원한다면 예배를 잘 드리는 사람이 되기를 소원하고 노력할 수 있기를 바란다. 그것을 위하여 기도할 수 있기를 바란다.

어느 교인 하나가 감사헌금을 하면서 감사헌금 봉투에 "수요예배를 통하여 예배의 기쁨을 회복할 수 있게 해주셔서 감사합니다"라고 기록했다. 그 감사 내용을 읽으면서 가장 복되고 귀한 은혜와 축복을 받은 사람이라는 것을 느낄 수 있었다.

예배에 기쁨이 있다는 것을 여러분은 아는가? 여러분도 그 기쁨을 느끼는가? 예배에는 기쁨, 은혜, 감동, 축복이 있다. 은혜 충만한 예배, 성령 충만한 예배, 기쁨과 감격이 살아 있는 예배가 있다. 그 예배를 사모해야 한다. 따라서 예배를 건성으로 드리지 않고 영과 진리로 정성껏 드려야만 한다. 예배를 잘 드리는 사람들이 될 수 있기를 권한다.

아버지께 참되게 예배하는 자들은 영과 진리로 예배할 때가 오나니 곧 이때라 아버지께서는 자기에게 이렇게 예배하는 자들을 찾으시느니라 요 4:23

👏 신앙 기본으로 돌아가자

유명한 교부이자 설교가 크리소스톰은 예배 인도자가 없어서 고민하는 한 시골 교회에, 그래도 제일 낫다는 사람 하나를 뽑아 인도자로 세웠다. 그는 배운 것 없는 농부였다. 시간이 제법 흐른 뒤 크리소스톰은 그 교회를 방문했다. 맨 뒷자리에서 조용히 예배를 드리던 그는 그 농부, 아니 예배 인도자가 얼마나 은혜롭게 예배를 이끌고 감동적으로 설교를 하던지 너무 놀라서 예배 후 그에게 물었다.

"아니 어떻게 그렇게 은혜롭게 예배를 인도할 수 있단 말이오?"

이 질문에 눈을 동그랗게 뜨고 농부가 되물었다.

"아니 그러면 은혜롭지 않게도 예배를 드릴 수 있단 말입니까?"

우리는 예배만큼 살고, 산만큼 예배한다.

07 주일예배 결석, 지각 안 하기

"피치 못할 평신도의 사정, 목회자들은 모릅니다.
목회자들도 직장이니까 주일마다 안 빠지고 교회 오는 것 아니에요."

영락교회에서 고등부를 맡아서 봉사할 때 교사 수가 약 220
여 명 정도였는데 저들의 평균 근속연수가 15년 가까이 되었
다. 10년 근속을 하면 표창을 하는데 10년 근속 표창을 받
아도 평균 미달이니 동료 교사들에게 축하는 받으나 큰 자
랑이 되지는 못했다.

그때 고등부에 36년 근속하신 장로님 한 분이 계셨다. 그분은 36년간 근속만 하신 것이 아니라 36년을 개근하신 분이었다. 더 놀라운 일은 그 36년 동안 한 번도 지각하지 않으셨다는 점이다. 나는 그 장로님을 향하여 "사람도 아니다"라고 농담한 적이 있었다. 영락교회와 영락교회의 고등부는 그 장로님과 같은 분들이 있어서 그렇듯 훌륭한 교회를 이룰 수 있었던 것이라고 확신한다.

　신앙생활을 하는 데서 가장 중요한 것은 주일예배를 빠지지 않고 출석하는 일이다. 후배 목사 한 사람은 군대 시절, 주일마다 교회에 나간다는 이유로 매를 맞아 일주일 이상을 엎드려서 잤었고, 우리 교회의 부목사 한 분도 군대 시절 빠지지 않고 교회를 나가겠다고 고집을 부리는 바람에 하마터면 개똥을 먹을 뻔했다고 한다. 바로 위의 고참이 개똥을 가지고 와서 주일마다 교회에 나가려면 이 똥을 먹으라고 했다는데 우리 교회의 부목사님이 차라리 그것을 먹고 매 주일 교회를 나가는 편을 택하겠다고 했다는 것이다. 결국 개똥을 먹지는 않게 되었는데 나는 그 이야기를 들으면서 속이 느글거려서 혼이 났었다.

　예전엔 그렇게 주일을 생명 걸고 지키는 교인이 많았다.

그런데 요즘은 너무나 쉽게 주일을 어긴다. 회사에 중요한 일이 생기면 주일날 교회 한 번 빠지는 것은 대수롭지 않은 일로 여기는 교인이 의외로 너무 많다. 그러나 그것은 아주 위험한 생각이다. 그렇게 한두 번 빠지기 시작하면 사탄은 주일날 예배에 빠져야 할 만한 일을 많이 만들 것이기 때문이다.

노선버스를 운전하면서도 주일예배에 한 번도 빠지지 않는 교인을 본 적이 있었다. 그분은 명절이나 공휴일 날 운전이 걸린 사람 대신 미리미리 운전해주었다가 주일날을 지킨다고 했다. 마음만 먹으면 얼마든지 그렇게 할 수 있는데 우리는 너무나 쉽게 주일을 어기는 것이다.

친구의 전도로 예수를 믿은 지 얼마 안 되는 분이 한 분 계셨다. 사업 때문에 차를 가지고 제주도를 가셨다가 토요일까지 일을 보게 되었는데 차를 가지고 올라오면 본 교회에서 주일을 지킬 수 없다고 비행기로 올라와서 주일예배를 드리고, 월요일 날 다시 제주도로 내려가서 차를 가지고 올라왔었다. 결국 그분은 예수님의 말씀대로 나중 된 자가 먼저 된 자보다 낫다는 말씀의 증인이 되었다.

결혼식에 참석하느라고 주일예배에 빠지는 분들이 있다.

일반 교인들이나 초신자들이 아니라 제직 중에도 가끔씩 그런 분들이 있어서 마음이 답답해지곤 한다. 주일날 결혼식이 있다면 토요일쯤 축의금을 준비해 가서 미리 인사를 하면서, "내일은 주일이라 교회에 가서 예배를 드려야 하기 때문에 미리 왔다"고 하면 얼마나 근사할 것인가?

공부하는 학생에게 가장 중요한 것은 학교에 빠지지 않고 출석하는 것이다. 무슨 일이 있을 때마다 학교에 빠진다면 공부를 잘하기가 무척 어려울 것이다. 신앙생활도 마찬가지다. 은혜 충만, 성령 충만, 말씀 충만한 예배를 통하여 건강한 신앙생활을 하려면 무엇보다도 주일성수를 철저히 지키는 것이 중요하다.

무슨 일이 있어도 주일예배에 빠지지 않겠다고 결심할 수 있기를 바란다. 이왕이면 지각도 하지 않겠다고 결심할 수 있기를 바란다. 하나님은 영과 진리로 정성껏 예배를 드리는 사람을 찾으신다고 하셨는데, 여러분이 그러한 예배를 드리는 분들이 될 수 있기를 바란다.

안식일을 기억하여 거룩하게 지키라 출 20:8

✋ 신앙 기본으로 돌아가자

백화점 세일 광고가 나간 다음 날, 백화점에는 수많은 사람이 개점 시간 몇 시간 전부터 장사진을 친다. 좋은 영화, 연극, 공연 한 편을 보기 위해 최소한 30분 전에는 공연장에 도착한다. 만약 청와대 만찬에 초대한다는 초청장을 받았다면 설레어 잠을 설칠지도 모른다. 그런데 만왕의 왕, 생명의 주님, 역사의 실세를 알현하는 자리에 당신은 얼마나 정성을 다해 도착했는가? 우리나라는 동계올림픽 쇼트트랙 종목에서 많은 메달을 건진다. 효자 종목이라고 불릴 정도이다. 쇼트트랙에서는 스케이트 날 하나 차이로 금은동이 갈리는 장면을 자주 보게 된다. 사소한 차이가 영원한 삶과 죽음을 가를 수도 있음을 명심하라.

08 설교 잘 듣기

언젠가 교인으로부터 내 설교가 노변정담(爐邊情談) 같다는
비판을 받은 적이 있었다. 그런데 참으로 아이러니하게도 그
와 비슷한 때에, 대학에 다니는 청년으로부터 요즘 내 설교에
은혜를 많이 받는다는 내용의 감사 편지를 받았다. 설교를
들을 때마다 웃거나 울곤 하는데 최근에 웃지도 울지도 않

고 예배를 드리고 간 적이 없다는 내용이었다. 나는 그때 참으로 혼란스러웠다. 어느 말이 맞는 것일까?

똑같은 설교를 들었는데 왜 어떤 사람은 노변정담으로 듣고, 또 어떤 사람은 은혜를 받은 것일까? 설교는 설교를 하는 사람에게도 달려 있지만 설교를 듣는 사람에게도 달려 있다는 사실을 새삼스럽게 깨닫게 되었다.

사도행전에 보면 베드로의 설교와 스데반의 설교가 나온다. 여러분은 베드로와 스데반 중에 누가 더 설교를 잘했다고 생각하는가? 설교의 차이는 없었다. 논리적인 면으로만 이야기하자면 베드로의 설교보다는 스데반의 설교가 더 논리적이었다. 그러나 두 사람의 설교가 모두 복음적이었다는 데에는 차이가 없다. 그런데도 불구하고 베드로가 설교할 때에는 3천 명이 회개를 하였는데, 스데반이 설교하자 사람들은 스데반에게 돌을 던졌다. 설교자의 차이가 아니라 설교를 듣는 사람의 차이 때문임을 우리는 알 수 있다.

예수님은 "들을 귀 있는 자는 들으라"라는 말씀을 종종 하셨다. 누구나 말씀을 들을 수 있는 것이 아니다. 말씀을 들을 수 있는 사람이 따로 있다. 들을 귀의 은사를 사모할 수 있기를 바란다. 이것은 은사 중의 은사요 축복 중의 축복이다. 들을 귀의 은사와 축복을 받아 설교를 들을 때마다 은혜를 받게 된다면 그것은 얼마나 대단한 일이겠는가!

설교를 들을 때마다 은혜를 받는 은사와 축복을 받으려면 첫째, 설교 때마다 믿음을 가지고 집중해야만 한다. 성경을 읽을 때 믿음을 가지고 정독하는 것과 같은 이치이다. 설교를 들을 때마다 오늘 이 설교를 통하여 하나님께서 반드시 내게 은혜를 주실 것이라는 믿음을 가지고 기대하며 집중한다. 설교 시간에 잡담을 하거나 순간이나마 공상을 하거나 지그시 눈을 감는 것은 절대 금물이다. 정신을 차리고 두 눈을 크게 뜨고 뚫어져라 설교자를 쳐다보며 은혜를 사모하는 마음으로 설교를 들으라. 그리고 조금이라도 은혜가 되는 말씀이 나오면 입으로든 마음으로든 "아멘! 아멘!" 외치며 설교에 호흡을 맞추는 것이 중요하다.

둘째, 긍정적인 마음으로 설교를 들어야 한다. 모든 금은 돌 속에 들어 있다. 돌이 금 속에 들어 있는 것이 아니라 금이 돌 속에 들어 있다. 다시 말해서 금보다는 언제나 돌이 더 많다는 이야기이다. 모든 설교에는 금도 있지만 언제나 돌도 있다. 사람의 말로 전하다 보니 자연히 쓸데없는 돌과 같은 말도 들어가게 마련이다. 솔직히 말하면 설교에는 금보다 돌이 더 많을 때도 많다.

금을 캐는 사람들은 돌은 버리고 그 속에 있는 금만 캔다. 설교도 그렇게 들으면 된다. 그런데 개중에는 금은 버리고 돌만 캐는 사람도 있다. 똑같은 설교를 듣고도 어떤 사람은 은혜를 받았고 어떤 사람은 노변정담으로 들었다. 누가 옳은가? 둘 다 옳다. 왜냐하면 설교에는 금도 있고 돌도 있기 때문이다. 그러나 누가 복이 있는 사람인가? 그것은 바로 금을 캐는 사람이다.

부정적인 마음과 생각을 가지고 들으면 모든 설교가 다 마음과 귀에 거슬린다. 그러나 금을 캐고자 하는 마음을 가지고 설교를 들으면 남이 노변정담으로 듣는 하찮은 설교에서도 은혜를 받을 수 있다.

셋째, 귀와 마음을 낮추고 겸손해져야만 한다. 강단에 의자가 다섯 개 있었다. 그중 가운데 의자는 거의 언제나 내가 앉곤 했다. 내가 담임목사이기 때문이며, 가운데가 상석이었기 때문이었다. 그러다 어느 날 그 자리가 담임목사이기 때문에 앉는 자리가 아니라 설교를 하기 때문에 앉는 자리여야 한다는 생각을 하게 되었다. 사람의 권위나 직함의 권위가 중요한 것이 아니라 말씀의 권위가 중요하다는 생각이 들었기 때문이다. 그래서 그날부터는 누구든지 그날 설교하는 사람을 가운데 자리에 앉혔다. 담임목사가 사회를 하고 교육전도사가 설교하는 날이 있을 때 담임목사는 옆 의자에 앉고 설교하는 교육전도사는 가운데 상석에 앉게 했다.

그날 설교를 누가 하든 설교자를 귀하게 여기고 마음의 자세를 낮추는 것이 중요하다. 그래야만 설교에 은혜를 받을 수 있다. 말은 쉬우나 실제는 어렵다. 그러나 그렇게 할 수만 있다면 들을 귀의 은사와 축복은 확실하게 받을 수 있다.

설교에 대한 편식과 낯가림이 심한 교인들이 있다. 건강하지 못한 교인이다. 반면에 누가 설교를 하든, 그 설교가 조리 있든 그렇지 못하든, 돌이 많든 적든 상관없이 설교 속에서 언제나 금을 캐는 교인들이 있다. 건강하고 복 있는 교인이다. 그와 같은 교인들이 되기 위하여 기도하고 노력할 수 있기를 바란다. 신앙생활에서는 봉사를 잘하는 것보다 설교를 잘 듣는 것이 최고다.

그들이 길 갈 때에 예수께서 한 마을에 들어가시매 마르다라 이름하는 한 여자가 자기 집으로 영접하더라 그에게 마리아라 하는 동생이 있어 주의 발치에 앉아 그의 말씀을 듣더니 마르다는 준비하는 일이 많아 마음이 분주한지라 예수께 나아가 이르되 주여 내 동생이 나 혼자 일하게 두는 것을 생각하지 아니하시나이까 그를 명하사 나를 도와주라 하소서 주께서 대답하여 이르시되 마르다야 마르다야 네가 많은 일로 염려하고 근심하나 몇 가지만 하든지 혹은 한 가지만이라도 족하니라 마리아는 이 좋은 편을 택하였으니 빼앗기지 아니하리라 하시니라 눅 10:38-42

✋ 신앙 기본으로 돌아가자

당신은 히어(hear)와 리슨(listen)의 차이를 아는가? 잘 알다시피 hear는 아무 생각 없이 들리는 소리를 듣는 것이고, listen은 듣겠다는 의지를 가지고 경청하는 태도를 말한다. 따라서 "난 영어 히어링(hearing)이 안 돼!" 하는 말은 틀린 말이다. 청각 장애자가 아니고서 영어 hearing이 안 되는 사람은 없기 때문이다. 문제는 '리스닝'(listening)! 듣고 무슨 의미인지 정확하게 잡아내는 훈련이 안 된 것이다. 당신은 설교를 hearing 하고 있는가, 아니면 listening 하고 있는가?

09 찬송 잘 부르기

신앙의 상태가 좋은가 좋지 않은가를 스스로 판단할 수 있
는 방법이 여럿 있지만, 그중에 가장 확실한 방법의 하나는
찬송을 부를 때 그것이 지루하게 느껴지는가 그렇지 않은가
를 살펴보는 것이다.

　세상의 노래는 보통 2절이다. 그런데 찬송가는 보통 3,4절

이다. 가끔 2절이나 5절짜리 찬송도 있다. 찬송가의 내용과는 관계없이, 예배 중에 2절짜리 찬송이 나오면 그날은 왠지 횡재한 것 같은 기분이 들고 5절짜리 찬송이 나오면 '이걸 언제 다 부르나' 하는 걱정이 든다면, 그는 틀림없이 신앙에 병이 든 사람이다.

영적인 상태가 맑고 건강한 사람은 찬송을 부를 때 표가 난다. 찬송을 정말 신이 나서 부르고, 찬송을 부르다가 감동이 되어서 눈물을 흘리며 부를 뿐만 아니라, 두세 번 반복해서 불러도 조금도 지루해하지 않는다.

목회를 하다가 교인 한 사람과 의견이 대립되어 다툰 적이 있는데, 그도 상처를 받았겠지만 나도 나름대로 꽤 깊은 상처를 받아 밤잠을 이루지 못하고 애쓴 적이 있었다. 그날이 바로 토요일이었는데 다음 날 설교 준비가 잘 되지를 않아서 더 고통스러웠다. 자리에 누워 이리저리 뒤척이고 있는데 새벽 4시쯤 되어 나도 모르는 사이에 내 머릿속에서 찬송가 한 장이 떠올라 생각으로 그 찬송을 부르게 되었다. 그것은 384장 〈나의 갈 길 다 가도록〉이라는 찬송이었다.

'어려운 일 당한 때도 족한 은혜 주시네', '나의 앞에 반석에서 샘물 나게 하시네'라는 가사가 있는데 그 가사에 참 깊은 위로와 은혜를 받게 되었다. 그 가사가 나올 때마다 마음으로 아멘을 외치며 계속 마음으로 따라부르게 되었다. 고장난 레코드가 반복하여 돌아가듯 한 시간 이상 뜨거운 마음으로 눈물을 철철 흘리며 찬송을 불렀다. 마음속에서 하나님의 은혜가 차오르는 것을 느낄 수 있었다. 그 은혜가 발목에 차고 무릎에 차고 허리에 차고 나중에는 헤엄칠 물처럼 충만해지는 것을 느낄 수 있었다.

그 은혜로 밤새 고생하던 상처가 다 치유되었고 설교도 잘 준비할 수 있었으며 의견 대립으로 다투었던 사람과도 서로 화해할 수 있었다. 찬송 한 장으로 참으로 풀기 어려운 문제를 쉽게 풀 수 있었던 것이다.

모든 찬송에는 은혜가 있다. 감동과 능력이 있다. 그와 같은 찬송을 건성으로 생각 없이 부른다는 것은 어리석고 부끄러운 일이다. 찬송을 은혜스럽게 부를 수 있도록 기도하고 노력하라. 찬송을 부를 때마다 가사를 생각하며 열심히 부르라. 말씀을 듣고 은혜를 받는 것에 못지않은 은혜를 받게 될 것이다.

예배가 살려면 찬송이 살아야 한다. 살아 역사하는 교회들을 보면 예배가 살아 있다. 예배가 살아 있는 교회를 살펴보면 말씀과 찬송이 살아 있는 것을 볼 수 있다. 그것은 교인들도 마찬가지다. 살아 역사하는 교인들을 살펴보면 저들에게는 예배가 살아 있다. 살아 있는 예배를 드리는 교인들을 살펴보면 말씀과 찬송이 살아 있는 것을 볼 수 있다. 남은 졸면서 듣는 말씀을 귀를 기울이며 "아멘 아멘"을 연발하며 듣는가 하면 남들은 건성으로 부르는 찬송을 눈물을 줄줄 흘려가며 열심히 부른다.

살아 있는 예배를 드리기를 원하신다면 찬송을 열심히 잘 부르도록 기도하고 노력해야 한다. 예배를 드릴 때마다 찬송을 열심히 잘 부르는 사람들이 되기를 권한다.

할렐루야 새 노래로 여호와께 노래하며 성도의 모임 가운데에서 찬양할지어다 이스라엘은 자기를 지으신 이로 말미암아 즐거워하며 시온의 주민은 그들의 왕으로 말미암아 즐거워할지어다 춤추며 그의 이름을 찬양하며 소고와 수금으로 그를 찬양할지어다 여호와께서는 자기 백성을 기뻐하시며 겸손한 자를 구원으로 아름답게 하심이로다 성도들은 영광 중에 즐거워하며 그들의 침상에서 기쁨으로 노래할지어다 시 149:1-5

루터는 말했다.

"우리 마음이 말씀에 잠기고 우리 입술이 마음껏 찬송할 수 없는 한 종교개혁은 결코 종결되지 않는다."

그는 또 이렇게 말하기를 서슴지 않았다.

"천국에는 말씀이 1등, 찬송이 2등이다."

사울의 왕궁으로 불려가기 전까지 다윗은 무엇을 했는가? 그는 양치기요 악기를 능숙히 다루고 노래를 잘하는 음악가였다. 그의 노래가 하나님의 광대하심과 오실 그리스도를 보여주는 아름다운 시편으로 보존된 것은 결코 우연이 아니다. 당신의 악기(삶, 개성, 기회)로 하나님을 노래하라!

10 S석에서 예배드리기

중학교 3학년 때 학교에서 내 자리는 맨 앞줄 가운데 자리였
다. 선생님의 교탁 바로 앞이었다. 언제나 선생님과 눈이 마
주치는 곳이었기 때문에 강의에 집중하게 되었고 성적도 자
연스럽게 상위권을 유지할 수 있었다. 고등학교도 상당히 좋
은 등수로 입학하게 되었는데, 나는 지금도 그 이유가 중학

교 3학년 때의 자리 때문이라고 생각하고 있다. 물론 자리가 좋다고 다 공부를 잘하는 것은 아니지만 상당히 큰 영향을 끼친다는 것을 부인할 사람은 아마 없을 것이다.

실제로 신앙생활에서도 예배 시간에 어느 자리에 앉아서 예배를 드리느냐에 따라 예배의 효과가 달라지고 받는 은혜의 정도가 달라진다고 생각한다. 많은 사람이 뒷자리는 동(銅), 가운데 자리는 은(銀), 맨 앞자리는 금(金)이라고 하는데 그것은 사실이다.

특별한 사정 때문에 뒷자리에 앉아서 예배를 드릴 수도 있지만 언제나 뒷자리에서 예배를 드리려고 하는 것은 그만큼 예배와 하나님으로부터 마음이 멀어져 있다는 증거다. 마음으로 하나님을 가까이하려고 한다면 자기도 모르는 사이에 앞자리로 나아가게 될 것이다.

교인들 중에는 자기도 모르는 사이에 뒷자리나 구석 자리를 찾아 앉는 교인들이 있다. 심지어는 기둥 뒤 설교자가 보이지 않는 곳에 일부러 숨듯이 앉는 교인들도 있다. 그런 교인들은 대부분 주의가 산만하며 설교 시간에도 조는 경우가 많다. 물론 앞자리에 앉아서도 조는 교인들이 있지만 그 경우는 대부분 정말 설교가 졸리는 설교(?)이든가 아니면 정말 너무 피곤해서 조는 것이다. 그러나 대개 뒷자리나 구석진 자리에 앉기를 좋아하는 교인들은 언제나 주의가 산만하고 집중도가 떨어지는 것을 보게 된다.

음악회에 가면 자리에 따라 S석, A석, B석, C석이 있다. 사람들은 가능하면 S석에 앉으려고 한다. 그리고 실제로 좌석에 따라 감상의 질이 좌우된다. 예배당에도 S석과 A석, 그리고 B석과 C석이 있다. 음악은 B석에서 듣는 한이 있어도 예배는 S석에서 드리기를, 힘쓰기를 권한다.

B석과 C석에서 예배를 드리는 사람은 영적으로 가난한 사람들인 반면, S석에서 예배를 드리는 사람은 영적으로 부요한 사람들이다. 세상에서는 내 의지와 상관없이 물질적으로 가난한 사람이 될 수도 있지만, 영적으로 가난한 사람이 되는 것은 일체 내 의지와 의사 때문이다. 물질적으로 부요해지는 것은 내 마음대로 할 수 없지만, 영적으로 부요해지는 것은 얼마든지 내 마음대로 할 수 있다는 것을 알아야 한다.

음악회는 몰라도, 예배는 언제나 근사한 S석에서 드리는 부요하고 근사한 사람들이 될 수 있기를 바란다.

🖐️ 신앙 기본으로 돌아가자

신약 성경이 전하는 인간의 가장 아름다운 포즈는 무엇일까? 예수님께 병 고침을 받던 병자들의 모습일까? 두 렙돈을 드리던 과부의 손길일까? 아이들을 데려와 복을 내려주시길 간청한 어머니들일까? 아니다. 예수님의 발치에 앉아 말씀을 경청하던 마리아의 포즈이다. 주님께서도 마리아의 자세를 높이 보시고 그를 칭찬하셨다. 자, 예수님의 발치, 교회의 앞자리로 나오라. 당신은 천사와 24장로에게 둘러싸여 경배 받으시는 예수님을 좀 더 가까이에서 뵐 수 있을 것이다.

11 정장하고 예배드리기

영락교회에서 고등부를 지도할 때의 이야기다. 교복자율화
가 시행되면서 교복이 없어지자 아이들은 주일날에도 아무
옷이나 입고 교회에 나오게 되었다. 그러자 즉시 예배 분위기
가 산만해지는 것을 느낄 수 있었다.

나는 그때 옷이 사람의 마음가짐과 몸가짐에 영향을 끼친다는 사실을 새삼 깨닫게 되었다. 그래서 아이들에게 "주일날 교회에 올 때는 가장 좋은 옷을 단정하게 입고 오라"는 광고를 하기 시작했다.

외국 영화에서 주일날 가족들이 함께 교회에 가는 장면이 나올 때 보면 어린아이들까지 정장하고 넥타이를 매고 구두를 단정하게 신은 모습을 볼 수 있다. 나는 그것이 옳다고 생각한다.

1982년도에 처음 영락교회 부목사로 부임하였을 때 선배 목사들이 주일날은 꼭 검은 양복에 흰 와이셔츠를 입고 오라는 주의를 주었었다. 전통적인 장로교회의 엄격함이 당시에는 있었다. 주일날 예배 시에 그러는 것은 어느 정도 이해가 가는데 평일에도 그와 같은 엄격함이 강조되는 것은 왠지 숨이 막히는 것 같아 답답했다.

그래서 평일 날 교회 업무가 끝난 후에 집에 돌아왔다가 다시 교회 마당이나 사무실에 나갈 일이 있을 때는 일부러 청바지를 입고 나가기도 했다. 영락교회 목사가 교회 사무실에 청바지를 입고 나타난다는 것은 당시에는 상당히 파격적인 일 중에 하나였다. 그러나 모르는 척하고 가끔 그렇게 하곤 했다.

경건이 지나쳐서 등산에 갈 때도 양복을 입고 넥타이를 매고 오는 사람들도 있었다. 그때마다 나는 저들을 흉보고 놀려주었다. 나는 그것이 옳지 않다고 생각한다. 어울리지 않고 맞지 않기 때문이다. 그러나 나는 이런 맥락에서 주일날 교회에 나올 때 아무 옷이나 편한 대로 입고 나와 예배를 드리는 것도 옳지 않다고 생각한다.

어디에서 누구를 만나느냐에 따라 복장이 달라진다. 친구를 만날 때와 어른을 만날 때 복장은 달라져야 하고 또 실제로 달라진다. 사람을 만날 때 어떤 복장으로 만나느냐에 따라 상대방에 대한 자신의 생각과 평가가 달라진다. 옷을 보면 그것을 알 수 있다. 그래서 어떤 복장은 예의에 맞는 복장이 되기도 하고 어떤 복장은 결례가 되기도 한다.

주일날 어떤 복장으로 교회에 나가느냐에 따라 그가 하나님을 어떻게 이해하고 있는가가 달려 있다. 생각 없이 아무 옷이나 편한 대로 입고 나가는 것이 하나님을 향한 결례가 될 수도 있다. 우리는 예식에서 반드시 예복을 입는다. 결혼식에서 예복을 입는 것은 상식이요 원칙이다. 하물며 하나님께 예배를 드리는 것은 예식 위의 일이다. 예배를 드릴 때 예복을 입어야 한다는 것은 그런 면에서 상식적인 일이 되어야 한다.

주일날 예배를 드리러 갈 때 입고 가는 옷에 대하여 한번 생각해볼 수 있기를 바란다. 가능한 한 가장 좋은 옷을 단정히 입고 가는 훈련을 해보기를 바란다. 그리고 그와 같은 훈련을 어려서부터 아이들에게도 시킬 수 있기를 바란다.

👏 **신앙 기본으로 돌아가자**

선데이 베스트(Sunday Best)는 주일에 입는 최고로 좋은 옷이란 뜻이다. 경건과 삶의 실천에서 우리의 귀감이 되는 청교도들은 아무리 가난해도 선데이 베스트는 한 벌씩 지니고 있었다. 비싼 옷, 화려한 옷이 좋은 옷이 아니라 주일을 위해 구별된 옷이 좋은 옷이다. 당신이 주일을 위한 옷, 그 거룩한 날을 위한 옷차림을 구별한다면, 하나님께서 당신에게 해지지 않고 눈보다 더 흰 옷, 예수 그리스도로 옷 입혀주실 것이다. 율법주의, 형식주의라고 생각하지 말라. 아무리 좋은 내용도 형식이 없이는 담을 수 없다.

12 말씀에 순종하기

목회생활을 하면서 잊을 수 없는 일들이 있는데 그중에 하나
를 소개하고 싶다. 장애인 주일이었는데 청년 하나가 장애인
들을 후원하는 콘서트의 티켓 50장을 들고 와서 교회에서 팔
아주면 좋겠다고 부탁을 했다. 때마침 장애인 섬김에 대한
설교를 준비하고 있었는데, 그 콘서트에 관심을 가지고 참여

하는 것이 구체적인 섬김이 되겠다 싶어 교인들에게 광고할 마음을 먹었다. 어른들은 몰라도 청년들은 교육적으로라도 그 콘서트에 참여시킬 생각이었다.

그때 주일예배에 출석하는 청년이 약 500명가량 되었을 때인데 나는 그 청년에게 다음 주일날 티켓 450장을 더 가져오라고 말했다. 동안교회 청년 500명을 다 데리고 갈 작정이었기 때문이다.

우리 교회에는 청년들을 위한 예배가 따로 있어서 그 청년예배 설교 후 광고 시간에 말했다.

"장애인을 돕기 위한 자선 콘서트가 열리는데 우리 모두 참여합시다. 여러분을 믿고 티켓 500장을 주문했습니다. 선약이 있는 분들도 가능한 한 약속을 미루고 함께하셨으면 좋겠습니다."

그다음 주일날, 그 티켓 500장을 정말 청년들에게만 다 팔았다. 토요일 저녁 4시 서강대 체육관에서 콘서트가 있었는데 그날 그곳에는 동안교회 청년 500명이 참석했다. 나는 그날을 잊을 수가 없다. 교회 청년 500명을 교회 밖의 장소에 100퍼센트 동원할 수 있다는 것이 얼마나 대단한 일인가?

아내가 그 모습을 보고는 나에게 "당신 참 행복하겠다"라고 이야기했다. 정말 행복했다. 죽어도 원이 없으리만큼 행복했다.

또 언젠가는 북한 동포를 위하여 헌금을 했다. 교회 건축 중이어서 교회도 교인들도 모두 경제적으로 힘들고 어려웠지만 북한 동포를 돕는 일을 뒤로 미룰 수는 없다고 생각했다. 그래서 북한 동포를 돕기 위한 헌금을 작정한 것이다.

힘들었지만 많이 하고 싶었다. 내 동포가 굶어 죽어가고 있는데 지갑에서 몇 푼 꺼내어 연보를 한다는 것은 옳지 않다는 생각 때문이었다. 1억 정도를 헌금하면 좋겠다고 생각했다. 당시 우리 교회 수준에서도 북한 동포를 위하여 1억 원을 헌금한다는 것은 적은 돈이 아니었다. 특히 건축 중에 1억 원은 얼마나 큰 돈인지 몰랐다. 그러나 교인들이 너무 부담스러워할까봐 액수는 말하지 못하고 그냥 기도만 했다. 교인들에게 이 헌금은 열심히, 많이 해야 한다고만 설교했다.

꼭 1억 원이 헌금되었다. 교인들에게 너무 감사했다. 업어 주고 싶었다. 동네방네 자랑하고 싶었다.

그런데 호사다마라고 그 좋고 귀한 일을 한 후 시험이 들어 아주 어려움을 당했다. 교회를 그만두려고까지 마음을 단단히 먹었었다. 몇 주일을 교회에 나가지 않았을 정도로 문제가 심각했다. 누가 와서 이야기해도 마음이 풀리지 않았다.

청년들이 찾아왔다. 여러 이야기를 하는 중에 한 청년이 나에게 이런 말을 했다.

"목사님, 지난번 북한 동포를 위한 헌금을 할 때 청년 중에 목사님 말씀에 순종하기 위하여 결혼 패물을 줄여서 헌금한 청년이 있다는 것을 아십니까? 그런데도 교회를 그만두시렵니까?"

참으로 마음이 뜨거워졌다. 그다음 주일부터 다시 강단에 서서 설교를 했다. 그와 같은 교인들과 청년들을 두고 어떻게 교회를 떠날 수 있단 말인가? 아무리 속이 썩는 일이 있다고 해도 말이다!

설악산에 흔들바위가 있다. 어느 해 겨울 교역자들과 함께 설악산에 갔다가 그 흔들바위에 가서 흔들어보았는데 겨울이라 바위가 얼어서 그랬는지는 모르나 흔들리지가 않았다. 설교 중에 그 이야기를 하면서 교인 중에도 흔들리지 않는 바위들이 있다고 말했다. 예수님의 표현대로 하자면 피리를 불어도 춤추지 않고 곡을 하여도 울지 않는 사람들을 이야기한 것이다.

조금이라도 흔들리려고 애쓰라고 당부했다. 당시 교인 중에는 그 말을 마음에 품고 있는 사람이 많다. 그래서 설교 중에 어떤 말씀을 전하면 그것이 아무리 힘들고 어려워도 조금이라도 흔들리려고 정말 노력하고 애썼다. 여러분도 그러실수 있기를 바란다.

👏 **신앙 기본으로 돌아가자**

선한 사마리아인의 비유를 아는가? 그 비유의 핵심은 무엇이라고 생각하는가? 여리고는 세상이니 세상으로 가지 말라고? 강도는 마귀니 조심하라고? 주막은 교회이니 교회를 잘 만나라고? 천만의 말씀! 이 비유의 핵심은 "가서 너희도 그대로 행하라"이다. 성경을 관념화하고 추상화하지 말라. 복잡한 이론과 공리로 대체하지 말고 그저 성경을 실천하라. 성경의 핵심을 몸으로 살아 보이라. 이것이 성경의 완결이다.

13 예배를 뜨겁게

"예배 시간에 손뼉 치고 '아멘 아멘' 하는 사람들, 그거 제정신입니까? 지금이 어떤 세상인데 손 들고 찬송을 부릅니까? 이거야 원 불신자 보기에 창피해서….”

나는 4대째 예수를 믿고 있는 장로교 집안의 장로교회 목사다. 그래서 나는 체질상 장로교회가 좋다. 언젠가 순복음교회에 집회를 인도하러 간 적이 있었는데 나는 거기서 처음으로 '주여 삼창'을 하는 것을 보았다. 큰 소리로 "주여! 주여! 주여!"를 외친 후 천장이 떠나갈 듯한 소리로 기도를 하는데

얼마나 놀랐는지 모른다. 혼자 속으로 '하나님 경기하시겠다'라고 중얼거리며 역시 집회를 잘못 왔다고 얼마나 후회했는지 모른다. 나와는 전혀 다른 스타일이라 설교하기가 힘들 것이라고 생각했다.

그런데 내 예상은 빗나가고 말았다. 이제껏 나와 신앙 스타일이 비슷한 어떤 교회에서 집회를 한 것보다 설교하기가 쉽고 좋았다. 준비된 설교는 10이었는데 그날 20, 30의 설교를 할 수 있었다. 교인들이 얼마나 말씀을 잘 받아들이는지 설교를 하는 내가 더 큰 은혜를 받았다. 피차간 큰 은혜를 받은 인연으로 나는 후에 장로교보다 순복음교회에서 더 인기 있는(?) 목사가 되었다.

나는 돌아와서 곰곰이 생각해보았다. 왜 순복음교회에서의 설교가 그토록 쉽고 은혜스러웠는가? 나는 그것이 저들의 예배 태도와 무관하지 않다는 것을 알게 되었다. 내가 보기에는 좀 지나친 듯하고 솔직히 말하자면 좀 광적이 아닌가 싶지만 저들의 그러한 행동 속에는 은혜를 사모하는 간절함이 있다는 것을 알게 되었다. 그리고 거기에 교회 성장의 비밀이 있다는 것을 알게 되었다.

그때 우리 교회 교인들에게 이런 이야기를 하면서 찬송을 부를 때 박수를 치고 싶으면 치고, 기도하면서 "주여!"를 큰 소리로 외치고 싶으면 그렇게 해도 좋다고 말씀드렸다. 우리 교인 중에도 그렇게 하고 싶은 교인들이 제법 있었는데 목사가 워낙 점잖으니(?) 눈 밖에 날까봐 조심하던 차에 담임목사가 자진해서 해금(?)을 해주니 얼마나 좋아들 하는지 몰랐다.

그래서 그 이후로 예배 시간에 아멘 소리도 나오고 찬송을 부르면서 때로는 박수도 치고 통성기도를 하면서 주여 삼창을 하기도 했다. 나도 이제는 아멘도 하고, 조금 어색하지만 박수도 따라서 친다. 아직 주여 삼창은 나오지 않지만, 진심으로 나도 그렇게 부르짖으면서 하나님께 기도하고 싶은 마음이 있다.

물론 신앙생활과 교회생활이 생각 없이 너무 감정적으로 치우치는 것은 좋지 못하다. 그러나 그렇다고 해서 하나님을 향한 우리의 감정을 너무 닫아두는 것도 좋지 못하다. 설교를 들으면서 은혜가 되거든 "아멘!" 하는 것이 자신에게도 좋고 설교하는 목사에게도 격려가 되어 좋다. 찬송을 부를 때 박수를 쳐보니 전보다 하나님 앞에서 겸손해지고 단순해지는 것 같은 느낌을 받아 좋았다. 간절한 마음으로 주를 향하여 부르짖을 수만 있다면 얼마나 좋을까?

신앙에는 뜨거운 면과 차가운 면이 공존하여야 한다. 머리는 차갑고 가슴은 뜨거워야만 한다. 성경을 공부할 때는 차가운 머리로 하고 예배를 드릴 때는 뜨거운 가슴으로 드리면 좋지 않을까 생각한다.

👏 신앙 기본으로 돌아가자

홍해를 건넌 이스라엘 백성은 소고 치고 춤을 추며 하나님을 찬양했다. 이것은 쉽게 믿고 쉽게 배역하는 이스라엘 백성의 경박함을 드러낸 증거일까? 다윗은 하나님의 임재를 상징하는 법궤를 예루살렘으로 모셔오면서 너무 좋아 고의(속옷)가 벗겨지는 줄도 모르고 춤을 추었다. 이것은 왕의 체면을 구긴 처사였던가? 존엄하신 하나님 앞에서 방자히 행한 무례요 무식이었을까? 당신이 예배에서 무엇을 보았느냐가 예배의 열도를 결정한다.

PART 2

묵은 능력을
되살려라

14 기도생활

"좋다는 건 알지만 너무 바빠요. 또 뭐 그렇게 미주알고주알 고해야 들으시나요? 그냥 '아시죠? 주세요!'만 해도 될 텐데….."

신앙생활에서 기도생활은 빼놓을 수 없는 것 중의 하나이다. 기도를 빼놓고 신앙생활을 이야기할 수는 없기 때문이다. 하나님의 임재와 은혜를 늘 충만히 경험하기 위하여 기도생활은 필수적이라 할 수 있다.

하나님은 우리에게 구하고 찾고 두드리라고 말씀하셨다.

그러면 얻을 것이고 찾을 것이고 문이 열릴 것이라고 하셨다. 그러나 나의 짧은 경험을 통하여 보면, 꼭 그렇게 하지 않아도 얻고 찾고 문이 열리는 삶을 살았던 것을 알 수 있다. 이스라엘 백성들이 출애굽하여 홍해를 만났을 때 저들은 기도하지 않았다. 오히려 하나님과 모세를 원망했다. 그럼에도 불구하고 홍해는 갈라지고 저들은 홍해를 건널 수 있었다.

세상에 기도하는 사람만 살고 기도하지 않는 사람은 다 죽는가? 그렇지 않다. 기도하는 사람도 살고 기도하지 않는 사람도 산다. 그러나 기도하는 사람만이 그 삶을 통하여 살아 계신 하나님을 만날 수 있다. 기도하지 않는 사람은 기적과 같은 삶을 살아가면서도 하나님을 모른다.

기도는 살아 계신 하나님을 만나는 가장 확실한 방법이다. 신앙생활을 하면서도 기도생활을 소홀히 하는 사람들이 많다. 따라서 그들은 하루하루 기적과 같은 삶을 살아가면서도 세상 사람들과 마찬가지로 그것을 그저 우연한 일로 여기며 은혜도 감격도 없이 살아가고 있다.

기도를 연습하라. 기도가 생활화되도록 노력하라. 기도가 생활화될 때 살아 계신 하나님의 임재를 느끼며 늘 충만한 은혜 가운데 하루하루를 살아가게 될 것이다.

🖐 신앙 기본으로 돌아가자

기도는 호흡이다. 숨을 한꺼번에 몰아쉬는 사람이 없듯이 기도도 한꺼번에 몰아서 해서는 안 된다. 기도는 하나님께 올리는 분향과 같다. 역겨운 냄새를 향으로 피우는 사람이 없듯이 우리의 기도에는 생활의 향기가 들어 있어야 한다. 기도는 전쟁이다. 전쟁을 원하지 않는다고 해서 물러설 수 없듯이 기도는 하기 싫을 때도 더욱 애써야 한다. 유명한 윌로우크릭교회 담임목사 빌 하이벨스는 그래서 《너무 바빠서 기도합니다》(Too Busy Not to Pray)라는 책을 썼다.

15 아침에 기도하기

"목사님도 바빠 봐요. 아침에 기도하라고요?
출근하지 않는 성직자들의 배부른 고민이죠!"

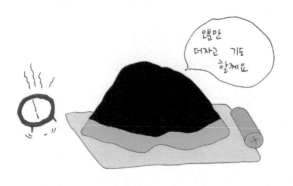

산곡에서 목회를 하는 친구 목사가 하나 있다. 1988년도에
미국 신학대학 기숙사에서 한 달 정도 함께 생활한 적이 있었
는데 체격이 아주 건장하고 튼튼한 사람이었다. 어느 날 샤
워를 하고 나오는데 등 뒤에 커다란 수술 자국이 있었다. 무
슨 수술을 했느냐고 물었더니 폐가 나빠서 폐의 일부분을 절

제하는 수술을 받았다고 했다.

청년 시절에 폐병에 걸려 거리에서 생활하는 노인 하나를 불쌍하다고 자취방에 모셔놓고 함께 생활하였는데 그때 폐병에 걸렸다는 것이다. 본시 건강하고 튼튼한 사람이었지만 병이 상당히 진행된 후에야 발견하게 되었고, 결국 폐의 일부를 잘라내게까지 되었다는 것이다.

수술실에 들어가면서 마취에서 깰 때 헛소리를 하는 사람이 있다는 이야기를 듣고는 하나님께 기도했다고 한다. 앞으로 목사가 될 사람인데, 마취에서 깰 때 헛소리를 하지 말고 "주여!" 하고 깨게 해달라고 말이다.

수술이 끝난 후 마취에서 깨어나 손을 붙들고 있는 어머니에게 "제가 마취에서 깨면서 뭐라고 했습니까?" 하고 물었다고 한다. 그러자 어머니가 눈물을 글썽이시며 "글쎄 네가 마취에서 깨면서 '주여' 하고 깨더라"라고 말씀해주셨다고 한다.

나는 그 말을 들으며 '당신이 진짜 목사구나' 하는 생각이 들면서 나도 그렇게 되었으면 좋겠다는 마음이 들었다. 그래서 생각해낸 것이 아침에 일어날 때에 딴 생각하지 말고 "주여-" 하며 깰 수 있게 해달라는 것이었다. 그리고 실제로 그렇게 기도했다.

그렇게 생각하고 기도한 다음 날, 새벽잠을 깨면서 "나의 힘이신 여호와여 내가 주를 사랑하나이다"라는 말이 나도 모르는 사이에 튀어나왔다. 얼마나 감격했는지 모른다. 하나님께서 그 장난 같은 기도를 들어주신 것이다.

그날 이후, 나는 지금도 아침에 거의 "나의 힘이신 여호와여 내가 주를 사랑하나이다"라는 말을 하며 일어난다. 그리고 짧게 기도한다. 나는 지금도 아침에 일어났을 때, 첫 생각과 첫마디 말이 하나님이실 수 있도록 기도한다.

첫 생각을 하나님께 드리라. 아침에 일어나 입에서 처음 나오는 말을 하나님께 드리라. 이부자리에서 나오기 전에 하나님께 기도하라. 기도로 하루 일과를 시작하라. 할 수 있다면 새벽기도회에 참석하라. 하루의 첫 시작을 교회에서 예배와 기도로 연다는 것은 특별한 은혜요 축복이 아닐 수 없다.

새벽기도회는 우리 한국교회가 세계 교회에 자랑하는 것 중의 하나이다. 미국의 목회자들이 한국교회를 와서 보고, 돌아가 새벽기도회를 시작해보지만 보통 두 달을 넘기지 못하고 중단한다고 한다. 교인들은 둘째 치고 목사들도 감당하지 못하기 때문이다.

새벽기도는 하나님께서 우리 한국교회에 은사로 주신 것이다. 이 새벽기도의 전통이 젊은이들에게도 이어져나가는 것이 참 자랑스럽고 감사하다. 여러분들도 새벽에 기도하는 습관을 들일 수 있기를 바란다.

🤲 신앙 기본으로 돌아가자

요즘 스포츠 센터니 사회 체육시설에는 새벽부터 운동을 즐기는 사람들로 만원을 이룬다. 다 건강하고 활기찬 하루를 위해서이다. 이렇게 자기 몸을 잘 돌본다는 것은 반갑고 기쁜 일이다. 스스로 건강해서 좋고 건강한 몸으로 주위에 폐 끼치지 않고 부지런히 살아가서 좋고, 열심히 일하니 사회도 발전할 것이다. 그러나 몸 돌보기에는 잠 쫓아가며 돈 쏟아가며 부지런을 떠는 사람들이 하루의 영적 기상도를 좌우하는 아침 기도를 빠뜨리다니…. 역시 기도하는 일은 사람이 못 할 신비한 역사인가보다.

16 식사기도 잘하기

"집에서 먹을 때야 그렇다고 쳐도, 식당 같은 곳에서 눈 감고 기도하는 것은
왠지 교회병 환자 같다는 생각이 들어요."

1988년에 처음으로 미국을 여행하면서 그랜드캐년을 관광
한 적이 있었다. 그곳 식당에서 점심을 먹는데 바로 옆 테이
블에 미국의 한 가족이 식사를 하기 위하여 앉아 있었다. 그
런데 참으로 인상 깊었던 것은 식사를 하기 전 가장인 듯한
남자가 자리에서 일어나 대표로 식사 감사기도를 드리는 모

습이었다. 물론 자기 테이블에만 들릴 정도로 작고 부드러운 소리로 기도하였지만 바로 옆의 테이블에 앉아 있었기 때문에 그 소리가 내 귀에까지 들렸다. 그동안은 가족끼리 외식을 할 때 그저 각자 간단히 기도하고 식사를 했었는데 그날 이후로는 나도 작은 소리지만 대표로 감사기도를 한 후 식사를 하곤 한다. 주위 사람들의 시선이 느껴지지만 은근히 그것을 즐기면서 기도하는 맛이 좋고, 아이들에게 하나님을 부끄러워하지 않는다는 것을 보여주고 가르쳐줄 수 있어서 얼마나 좋은지 모른다.

가족이나 교인들끼리 모여 식사를 할 때에는 기도하고 식사를 하는 것이 어렵지 않으나, 학교나 직장 등 믿지 않는 사람이 많은 곳에서 기도하고 식사를 한다는 것은 쉬운 일이 아니다. 특히 식당과 같이 모르는 사람들이 많은 곳에서 기도하고 식사하는 것보다 믿지 않는 친구들, 직장 동료들이 보는 앞에서 기도하고 식사를 한다는 것은 생각처럼 쉬운 일이 아니다.

건성으로 남이 잘 눈치채지 못하도록 잠깐 눈만 감았다 뜨면서 번개처럼(?) 기도를 하든가 아니면 아예 기도하지 않고 식사하는 경우가 많다. 여러분의 경우는 어떠한가? 믿지 않는 친구들, 직장 동료들이 함께 식사하는 자리에서 기도하고 식사할 수 있는 사람이 되도록 노력할 필요가 있다. 그것은 신앙생활을 하면서 가장 중요한 일 중의 하나이다.

그래서 나는 세례문답을 할 때 꼭 "밖에서 식사할 때 기도를 하느냐?"를 묻고 "그렇게 잘 하지 못한다"라고 정직하게 대답하는 사람들에게 앞으로는 꼭 그렇게 하라고 약속을 시킨다. 사람들 앞에서 하나님을 부끄러워하고 자기가 하나님을 믿는 사람이라는 것을 부끄러워한다는 것은 참으로 부끄러운 일이 아닐 수 없다. 그것은 하나님을 참으로 섭섭하게 해드리는 것이다. 예수님도 누가복음 9장 26절에서 "누구든지 나와 내 말을 부끄러워하면 인자도 자기와 아버지와 거룩한 천사들의 영광으로 올 때에 그 사람을 부끄러워하리라"라고 말씀하셨다.

그리고 식사기도에 대해서 한 가지 더 이야기하고 싶은 것이 있다. 그것은 식사기도를 정성껏 드려야 한다는 것이다. 먹고 사는 일이 넉넉해지면서 밥을 먹는 것을 별로 감사하게 생각지 않는 잘못된 생각과 경향이 많아지기 시작했다. 그래서 우리가 요즘 흔히 하는 말 중에 하나가 "무슨 일을 하든 밥 세 끼야 못 먹을까?"라는 말이다. 나도 그런 말을 해본 적이 있다. 그러나 그런 말을 한 후 나는 그것이 잘못되었다는 것을 알게 되었다. 하나님께서 주지 않으신다면 내가 어떻게 한 끼라도 밥을 먹을 수 있을까.

하나님께서 주시는 일용할 양식에 정말 감사해야 한다. 우리는 매끼 식사를 할 때마다 하나님의 은혜를 알아야 한다. 그리고 진심으로 감사할 줄 알아야 한다. 식사기도를 잘하는 것이 예수를 잘 믿는 아주 중요한 방법 중의 하나라는 사실을 명심하고 식사기도를 잘하는 사람들이 될 수 있기를 바란다.

🙌 신앙 기본으로 돌아가자

식도암으로 별세한 국내 모 재벌이 "내 입으로 음식을 씹어 내 힘으로 음식을 목구멍으로 넘길 수 있게 해주는 사람이 있다면 내 재산의 절반을 주겠다"고 약속했다. 하지만 어느 의사도 그의 재산의 반을 받지 못했다. 먹을 것 주심보다 먹고 싶은 식욕 주신 것이 감사하고 식욕보다 먹을 수 있는 생명 주심이 더 감사하다. 먹을 수 있는 생명이 있음을 감사하는 사람이라면 매끼 밥을 대하면서 진심으로 머리 조아려 기도를 올릴 수 있다.

17 취침기도

기독교 방송 프로그램 중에 〈나의 사랑하는 책〉이라는 프로그램이 있었다. 한 주일에 한 명씩 사람을 선정하여 그가 가장 좋아하는 책을 소개하는 프로그램이었다. 나도 한 번 그 프로그램에 참여한 적이 있었는데, 어느 책을 소개할까 많이 생각하다가 김남조 씨의 시집 한 권을 소개했다. 그리고 김

남조 씨의 시 중에 내가 가장 좋아하는 〈밤기도〉라는 제목
의 시를 암송하기도 했다.

밤기도

하루의 분주한 일들
차례로 악수해 보내고
밤 이슥히 먼 곳에서 오는 듯만 싶은
주님과 나만의 기도 시간

주님!
단지 이 한 마디에
천지도 아득한 눈물
날마다의 끝 순서에

이 눈물 예비하옵느니
오늘도 내일도 나는
이렇게만 살아지이다.
깊은 밤에 눈물 한 주름을
주께 바치며 살아지이다.

나는 처음 이 시를 읽을 때 김남조 시인이 밤에 기도하며 흘렸던 그 한 주름의 눈물을 흘릴 수 있었다.

하루의 일을 다 마치고 자리에 들기 전 조용히 하나님 앞에 무릎 꿇고 기도할 수 있다면 그것은 얼마나 훌륭하고 아름다운 일이겠는가? 아침에 일어나 기도로 하루의 일과를 시작하고 잠자리에 들기 전 기도로 하루의 일과를 마감할 수 있는 사람들이 될 수 있기를 권한다. 생각만 해도 정말 훌륭한 신앙인이 되는 듯한 느낌이 들지 않는가!

🖐 신앙 기본으로 돌아가자

훌륭한 무사는 늘 몸을 깨끗이 하고 손발톱을 가지런히 다듬었다고 한다. 언제 어디서 최후를 맞게 될지 모르는바 사람들에게 추하다는 소리를 듣지 않기 위해서였다. 반면, 신약에 나오는 한 어리석은 부자는 그날 밤이 자기의 마지막 날인지도 모르고 새로운 곡식 창고의 완공을 경축하며 "자, 이제 편히 쉴 수 있겠구나" 만족해했다. 그 밤이 그가 이 땅에서 보낸 마지막 밤이 될 줄은 아무도 몰랐다. 이 밤이 마지막이라는 심정으로 기도하라. 신비한 평안과 안면(安眠)이 당신의 침상에 깃들 것이다.

18 아이 기도해주기

당시 부흥회 강사로 오신 목사님이 설교 중에 자기 집에서는
아이들이 학교 가기 전, 문 앞에서 아이들 손을 붙잡고 기도
하고 보낸다는 말씀을 하셨다. 아내가 그 말을 새겨듣고 그
다음 날부터 그렇게 했다. 처음에는 아이들이 "왜 이러세요?"
하며 손을 뿌리치고 도망하기도 하였지만, 하루 이틀 계속되면서 자연스러운 일이 되었고 나중에는 아이들이 기도해달라고 부탁하게까지 되었다.

그 이후 어느 집사님 가정에 초청을 받아서 간 적이 있었다. 때마침 그 집 큰아들이 군대에서 외출을 나왔다가 들어가게 되었는데 응접실에서 들으니 아버지가 현관 앞에서 아들의 손을 잡고 기도를 해주는 소리가 들렸다. 그 기도 소리를 들으니 나도 모르게 눈에 눈물이 어렸다.

아이를 보내고 응접실에 돌아온 그 집사님의 눈에도 눈물이 젖어 있었다.

"목사님의 설교를 듣고 그날부터 저희도 그렇게 합니다. 얼마나 좋은지 모르겠습니다. 아이가 외출을 나오거나 휴가를 나오면 제일 먼저 하는 일이 저하고 목욕탕에 가는 것입니다. 그놈이 그렇게 하자고 해서 그렇습니다. 그러고는 목욕탕에서 부자가 서로 등을 밀어줍니다. 그렇게 목욕을 한 후에 친구를 만나든지 자기의 일을 봅니다. 아이를 위하여 기도하는 일을 시작한 후 아이들과의 관계가 얼마나 깊어지고 좋아졌는지 모릅니다."

창세기를 읽으면서 많은 감동을 받지만 그중에 하나는 아버지가 자식을 위하여 축복기도를 하는 것이었다. 자식의 머리에 손을 얹고 축복하는 모습을 읽으면서 나는 나름대로 얼마나 깊은 감동을 받았는지 모른다. 자녀를 위하여 기도하는 것은 부모의 가장 큰 책임 중에 하나인 동시에 놀라운 특권이다. 그 일을 할 수 없다면 자식을 위하여 만 가지 일을 해준대도 아무것도 아니라고 단호히 이야기할 수 있다.

이스라엘의 부모들은 아이가 잠들기 전 성경을 읽어주고 기도를 해준다. 아이들은 어려서부터 부모의 기도 속에 잠이 들곤 한다. 그렇게 자란 아이들은 잘못될 수 없다. 훌륭하게 자라지 않을 수 없다. 이스라엘 사람 중에 훌륭하고 유능한 사람이 많이 배출되는 중요한 이유가 바로 여기에 있다.

아이가 태어나면 아이를 잠재우면서 머리에 손을 얹고 기도해주라. 매일매일 그렇게 하라. 아이가 장성하여도 그렇게 하라. 기도를 받고 자라나는 아이는 절대로 잘못되지 않는다. 그러나 그에 못지않게 놀라운 일이 또 하나 있다. 즉 아이들에게 기도해주는 부모도 절대로 잘못되지 않는다는 것이다. 우리가 아이들에게 기도해주지 못하는 것은 아이들 앞에서 예수 믿는 사람이라고 내세우기에 떳떳하지 못하고 부끄럽기 때문이다. 아이들의 머리에 손을 얹고 기도해주려면 영적인 권위를 먼저 인정받아야만 한다. 떳떳해야 한다.

아이들을 위해 기도하는 것은 부모에게 그와 같은 영적인 부담을 주기 때문에 부모에게도 좋은 것이다. 아이를 위하여 기도하는 부모가 돼라. 아이의 손을 붙잡고 또는 아이의 머리에 손을 얹고 기도하는 부모가 돼라. 여러분은 훌륭한 부모가 될 것이고 여러분의 자녀들은 훌륭한 자녀가 될 것이다.

👏 신앙 기본으로 돌아가자

성경은 유별나게 아이들과 친한 책이다. 하나님은 유독 아이들을 편애하는 분이시다. 얼마나 아이를 사랑하시면 하나님의 아들 예수 그리스도께서 이 세상에 장년, 청년이 아니라 아기로 오셨을까. 예수님은 제자들을 나무라시며 아이들이 자기에게 오는 것을 막지 말라고 하셨다. 그분이 안고 안수하며 복을 내려주신 아이들은 젖먹이와 기껏해야 네다섯 살 먹은 아이들이었다. 아이들이 뭘 안다고? 아이들도 하나님의 사랑과 은혜는 다 안다. 아이들의 머리에 손을 얹고 기도하라!

19 특별기도

"모든 게 지나치면 모자람만 못한 겁니다.
기도도 적당히 해야지 식음을 전폐하고 잠을 안 자가면서까지 기도하면 어떡하나요?"

하나님은 우리에게 "구하라 찾으라 두드리라"고 말씀하신
다. "구하면 주시고 찾으면 찾게 하시고 두드리면 열어주실
것이다"라고 말씀하신다. 이 말씀을 곰곰이 생각해보면, 우
리도 살다 보면 힘들고 어려운 일들을 마주할 것이라는 말씀
임을 알 수 있다.

부족한 일, 잃어버리는 일, 그리고 삶의 문이 닫히는 일이 누구에게나 있다는 말씀이다. 그런데 우리의 삶에 부족한 일이 일어나는 것과 무엇을 잃어버리게 하는 것, 그리고 삶의 문이 닫히는 것도 가만히 보면 하나님이 하시는 일이라는 것을 알 수 있다.

　그렇다면 하나님은 우리에게 병 주고 약 주시는 분이시란 말인가? 그렇다. 하나님은 우리에게 병 주고 약 주시는 하나님이시다. 하나님은 왜 그런 일을 하는가? 그 이유는 단 하나, 하나님께 기도하라고 하시는 것이다. 어려운 일을 통하여 우리가 하나님께 기도하게 하시고, 그 기도의 응답을 통하여 하나님의 살아 계심과 역사하심을 경험하게 하시려는 것이다.

　살아가는 동안 부족한 일이 생기는 것은 구하라 하시는 것이다. 잃어버리는 일이 생기는 것은 찾으라 하시는 것이며, 문이 닫히는 까닭은 두드리라 하시는 것이다. 살아가는 동안 이런저런 문제가 생기는 까닭은 하나님께 기도하라 하시는 것이다.

　그러므로 어떠한 문제가 생기든지 우리는 하나님께 기도해야 한다. 기도하면 모든 문제를 풀고 해결할 수 있다. 힘들고 어려운 일이 생길 때 야곱과 같이 하나님께 매달려 기도하면 그것이 어떤 문제이든지 다 해결된다.

힘들고 어려운 일이 있을 때 새벽기도를 시작하라. 날을 작정하고 금식기도를 시작하라. 철야기도를 하나님께 드리라. 부르짖으면서 기도하라. 울면서 기도하라. 떼를 쓰면서 기도하라. 힘들고 어려운 일이 있을 때 기도하는 사람들에게 중보기도를 부탁하라. 그리고 하나님께서 어떻게 역사하시며 어떻게 그 기도에 응답하시는가를 살펴보라.

고난이 올 때 사탄은 우리가 낙심하게 하고, 하나님을 의심하게 하고, 하나님이 우리를 포기하시고 버리셨다고 오해하게 한다. 그러나 힘들고 어려운 일이 생기는 것은 오히려 하나님께서 우리로 그분께 더 가까이 나아오도록 하시는 것이다. 힘들고 어려운 일이 생기면 기도하라는 하나님의 사인(sign)인 줄로 알면 틀림없다.

보통의 경우 매일 새벽기도회를 나가는 것은 쉬운 일이 아니다. 그러나 힘들고 어려운 일이 생길 때 새벽기도회는 절대로 힘들고 어려운 일이 아니다. 보통의 경우 철야기도와 금식기도를 한다는 것은 참으로 힘들고 어려운 일이다. 그러나 정작 다급하고 어려운 일이 생기면 누구나 철야기도, 금식기도를 할 수 있다.

　그렇게 간절히 기도하면 문제가 해결될 뿐만 아니라 믿음의 수준도 높아진다. 힘들고 어려운 일이 생기면 낙심하지 말고 새벽기도와 철야기도, 그리고 금식기도와 같은 특별기도를 하나님께 드리라. 그것을 통하여 하나님의 특별하신 은혜와 축복을 경험하게 될 것이다.

👏 신앙 기본으로 돌아가자

특별한 시기는 특별한 기도를 요청한다. 엘리야가 그랬고 히스기야, 예레미야가 그랬다. 그들은 개인과 나라의 영적 위기를 바라보면서 목숨 걸고 울부짖으며 기도했다. 지금이 바로 그런 때다. 새로운 세기에 우리는 개인과 가정, 교회와 나라의 부흥을 하나님께 구해야 한다. 새로운 리바이벌(부흥)이 임할 때 확실한 서바이벌(생존)을 약속받는다.

20 은사 사모

신앙생활을 하면서 가장 중요한 일이 있다면 그것은 성령 충만을 통하여 성령의 은사를 받는 것이라고 할 수 있다. 예수님은 승천하시면서 제자들에게 "오직 성령이 너희에게 임하시면 너희가 권능을 받고 예루살렘과 온 유대와 사마리아와 땅끝까지 이르러 내 증인이 되리라"라고 말씀하셨다. 예수님

은 성령을 능력이라고 하셨다. 그리고 그 외에는 능력이 없다는 것을 강조하기 위하여 '오직 성령'이라고 못 박아 놓으셨다.

성령을 받지 않고 예수를 믿는 것처럼 힘든 일은 없다. 그것은 괴롭고 불행한 일이다. 성령을 받지 않고 예수를 믿으려면 매사 피곤하고 부담되고 힘들다. 그러나 성령을 받으면 예수 믿는 것이 쉬워지고 더 나아가 즐거워진다. 그러므로 예수를 믿으려면 무엇보다도 중요한 것이 성령을 받는 것이다.

성령은 어떻게 받을 수 있는가? 성령을 받는 일은 쉬운 일인가, 어려운 일인가? 성령을 받는 일은 사람들이 생각하는 것처럼 어렵지 않다. 성령은 정말 간절히 사모하고 기도하면 누구나 받을 수 있다. 하나님께서는 우리에게 성령을 주시기를 원하시는 분이시기 때문이다. 그럼에도 불구하고 성령은 기도하지 않으면 받을 수 없다. 기도하지 않는 자에게 성령을 주시면 그것은 마치 돼지에게 던져진 진주와 같고 개에게 던져진 거룩한 것과 같아진다. 따라서 성령은 구하는 자, 찾는 자, 두드리는 자에게 주시는 것이다.

내가 또 너희에게 이르노니 구하라 그러면 너희에게 주실 것이요 찾으라 그러면 찾아낼 것이요 문을 두드리라 그러면 너희에게 열릴 것이니 구하는 이마다 받을 것이요 찾는 이는 찾아낼 것이요 두드리는 이에게는 열릴 것이니라 너희 중에 아버지 된 자로서 누가 아들이 생선을 달라 하는데 생선 대신에 뱀을 주며 알을 달라 하는데 전갈을 주겠느냐 너희가 악할지라도 좋은 것을 자식에게 줄 줄 알거든 하물며 너희 하늘 아버지께서 구하는 자에게 성령을 주시지 않겠느냐 하시니라 눅 11:9-13

나는 목사이지만 방언의 은사를 받지 못했고, 그 대신 다른 은사를 받았다. 나를 닮은 세 아이도 방언의 은사는 받지 못할 것이라고 생각했다. 그러나 그것은 잘못된 생각이었다.

세 아이 모두 방언을 하기 때문이다. 제일 먼저 방언을 받은 것은 큰아이였다. 큰아이가 고등학교 1학년 때 기도원으로 겨울 수련회를 갔는데 하나님이 어떻게 역사하셨는지 한 아이만 빼놓고 나머지 아이들이 모두 방언을 받는 놀라운 일이 일어났다. 그런데 방언의 은사를 받지 못했던 한 아이가 바로 내 큰아이였다.

큰아이는 자기만 빠진 것이 무척이나 속상했던 모양이었

다. 친구들이 잠든 밤, 기도원 옥상으로 올라가 뒹굴면서 제게도 방언을 달라고 기도했다고 한다. 결국 그 아이는 그날 밤 하나님께 방언의 은사를 받고 말았다.

나는 그 이야기를 들으면서 성령을 받는 것은 별로 어렵지 않다는 것을 알게 되었다. 한 바퀴만 뒹굴면 되는 것이다. 농담 같지만 사실이다. 사람들이 성령을 받지 못하는 까닭은 단 하나, 성령을 간절히 사모하지 않기 때문이다. 누구든지 성령을 간절히 사모하여 한 바퀴만이라도 정말 뒹굴면서 간절히 기도한다면 누구나 다 성령을 받게 될 것이다.

큰아이는 방언을 받고 나서 많이 변했다. 성격도 변했고 생활도 변했다. 방언을 받았기 때문이라기보다는 성령을 받았기 때문이었다.

많은 사람이 사업을 하다가 어려움을 당하면 하나님께 구한다. 많은 사람이 병들어 어려움을 당하면 하나님께 부르짖는다. 그러나 성령을 받기 위하여 하나님께 그렇게 간절히 기도하지는 않는다.

꼭 방언이 아니어도 상관없다. 어떠한 은사를 받든지 누구나 성령의 은사는 받아야만 한다. 그래야만 힘들고 어려워 보이는 신앙생활이 즐겁고 복되다는 것을 알게 될 것이다.

무엇이든 다 하나님께 기도해야 하지만, 특별히 성령의 은사를 위하여 기도할 수 있기를 권한다.

21 헌금생활

"대량 실업, 물가 상승 시대에 줄일 데가 어디 있습니까? 소득의 10퍼센트나 떼는 십일조, 각종 명목의 감사헌금. 교인이 먼저 살아야 헌금도 있는 것 아닙니까?"

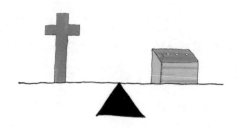

신앙생활과 교회생활을 하는 데 가장 힘들고 어려운 것 중의 하나가 바로 헌금생활일 것이다. 헌금생활에 대한 훈련이 바로 되어 있지 않으면 신앙생활이 어느 단계 이상 발전하지 못하기 때문에 평생 하나님을 믿어도 그 모양 그 꼴(?)을 벗어나지 못하게 된다.

많은 교역자가 교인들에게 부담을 주는 것이 싫어서, 좀 더 솔직히 말하자면 교인들이 부담스러워 교회를 떠날까봐 두려워서 헌금에 대한 이야기나 설교를 가급적 기피하는 경향이 있지만, 그것은 옳은 일이 아니다.

바른 헌금생활은 부담스럽고 어려운 일이기는 하지만 옳은 일이고 중요한 일이기 때문에 반드시 가르치고 훈련시켜야만 한다. 헌금생활의 부담을 가지고 교회를 떠나는 사람도 있지만, 그런 경우는 일부이고 대부분의 교인은 부담스러워하면서도 그 훈련을 달게 받으려고 한다는 사실을 알아야 한다. 그런 훈련과 가르침을 통하여 바른 헌금생활을 해내는 훌륭한 교인으로 성장한다는 사실을 알아야 한다.

괜히 사탄에게 속아 지레 겁을 먹고 회피하기 때문에 훌륭한 교인으로 성장할 수 있는 사람들을 오합지졸과 같이 연약하고 쓸모없는 교인으로 만들어놓고 있다. 그 결과로 오늘날 우리 한국교회에는 교회의 중직을 맡은 교인 중에도 바른 헌금생활을 못 하는 분들이 얼마나 많은지 모른다. 중직자들은 교회와 하나님을 위하여 십자가를 지기로 헌신한 사람들인데, 십자가 헌신은 둘째 치고 헌금조차 제대로 하지 못하는 사람들이 되었으니 그와 같은 사람들과 함께 어떻게 하나님의 사역을 감당해낼 훌륭한 교회를 이룰 수 있겠는가?

바른 헌금생활에 대한 훈련이 없이는 훌륭한 교회와 교인이 생겨날 수 없다는 것을 생각하고 바른 헌금생활을 할 수 있는 사람이 되기 위하여 기도하고 노력하기를 바란다.

🖐 신앙 기본으로 돌아가자

"돈지갑이 회개하기 전에는 회개한 것이 아니다."_루터

"돈으로 침대를 살 수 있을지는 모르지만 단잠을 살 수는 없다. 책을 살 수 있을지 모르나 지식을 살 수는 없다. 화장품을 살 수는 있으나 아름다움은 살 수 없다."_광야의소리

"사단은 옛날보다 지금 더 현명해졌다. 이제는 사람을 가난하게 만들어 시험하지 않고 부요하게 만들어 시험한다."_알렉산더포프

"벌 수 있는 대로 벌어라. 저축할 수 있는 대로 저축해라. 드릴 수 있는 대로 드려라."_존 웨슬리

"헌금을 줄이지 말고 탐심을 줄여라!"_김동호

22 새 돈으로 연보하기

"미신이 따로 있나…. 하나님이 헌 돈 새 돈 가리시나요?
헌 돈 새 돈보다 마음이 중요하지 않을까요."

어렸을 때 비교적 가난한 집에서 자랐기 때문에 용돈을 넉넉히 받아본 기억이 별로 없다. 그저 동전이나 한두 개 타서 가게에서 군것질하는 것이 고작이었다. 그러나 연보 돈만큼은 언제나 넉넉했다. 연보 돈은 언제나 종이돈이었기 때문이다. 종이돈으로 용돈을 받은 적도 거의 없고, 동전으로 연보 돈

을 받은 적도 거의 없었다. 가난했지만 어려서부터 연보 훈련을 잘 받은 셈이었다.

초등학교 시절이었는데 외할머니가 오셨다가 연보 돈이 구겨진 것을 보시고 다리미로 다려주신 일이 있었다. 전기 다리미가 없을 때여서 숯불 다리미로 다림질을 하던 때였는데, 숯불을 피워가면서까지 연보 돈을 다려주신 것이다. 하나님께 드릴 연보를 아무렇게나 드려서는 안 된다는 것이 할머니의 말씀이셨다.

그것이 습관이 되어 지금도 나는 새 돈으로 연보를 드린다. 은행에서 처음 나온 신권으로만 드리는 것이다. 거의 한 번도 예외가 없었으며 아이들의 연보 돈도 언제나 은행에서 신권으로 바꾸어놓았다가 주곤 한다.

새 돈으로 연보를 드려보라. 연보 돈을 바꾸기 위하여 은행에 한번 가보라. 만약 새 돈으로 바꾸지 못했다면 교회에 가기 전에 그 연보 돈을 다리미로 한번 다려보라. 다리미로 다린다고 만 원짜리가 이만 원이 되는 것은 아니지만 신앙의 격과 수준이 달라지는 것을 느낄 수 있을 것이다.

이왕에 예수를 믿으려면 무엇을 하든지 정성껏 해보라. 연보 돈도 새 돈으로 바꾸어서 드려보고 주일날 교회에 가기 전에 목욕도 하고 가장 좋은 옷을 골라 정장하고 교회에 가 보라. 아무 돈이나 생각 없이 연보하고 아무 옷이나 편하게 입고 나와서 예배드리는 것과는 비교할 수 없는 차이를 느낄 수 있을 것이다.

찬송가 가사 중에 '아무나 오게 아무나 오게'라는 가사가 있다. 그렇다. 하나님께서는 가난한 사람, 부요한 사람, 높은 사람, 낮은 사람 관계없이 누구나 와도 된다. 그러나 '아무나' 와도 되지만 '아무렇게나' 와서는 안 된다. 우리 중에는 '아무나 오게'라는 말을 '아무렇게나 오라'는 뜻으로 오해하는 사람들이 있는 것 같다.

하나님께 예배를 드리면서 아무렇게나 막 한다는 것은 옳지 않은 일이다. 하나님께서는 무엇을 하든지 가장 깨끗하고 좋은 것으로 정성껏 드리려는 마음을 가져야만 한다. 그것이 바로 영과 진리로 드리는 예배이며, 그렇게 예배를 드릴 때에 예배 중에 성령이 역사하셔서 우리가 늘 바라는 은혜 충만, 성령 충만한 예배가 가능해진다.

은행에서 새 돈을 바꾸어 오거나 아니면 돈을 다림질해서라도 늘 새 돈으로 연보하기를 힘쓰고, 주일날 교회에 갈 때마다 가장 깨끗하고 반듯한 옷으로 정장할 수 있기를 권한다. 형식적인 것 같지만 형식이 내용을 주장한다는 사실을 깨닫게 될 것이다. 하나님께 드리는 것은 무엇이든지 가장 깨끗하고 아름다운 것을 드리려는 마음이 생겨날 것이고, 그 때 우리의 모든 삶이 축복받을 것이다.

🤚 신앙 기본으로 돌아가자

성화의 그림이 진짜 예수님이 아니라서 성화를 깔고 앉는 사람이 어디 있는가? 성경책이 일반 인쇄소에서 인쇄된 책이라고 마구 찢어 휴지로 쓰는 사람이 어디 있는가? 피아노가 성(聖)과 속(俗)을 가리겠느냐며 예배용 피아노로 유행가를 연주할 사람이 누구겠는가? 돈은 말하지 않는다. 하지만 주머니에서 꾸깃꾸깃 돈을 꺼내 헌금통에 내던지듯 헌금하는 사람이 내는 그 돈은 그의 인격을 말해주는 것이다. 문제는 최선을 다해 최고를 드리려는 우리의 자세이다. 서정주 시인은 "해녀도 가장 좋은 전복은 님을 위해 아낀다"고 노래했다.

23 십일조 헌금

"나라에 내는 세금에도 감면이 있고 공제 환불이 있는데,
십일조에는 왜 없는 겁니까?"

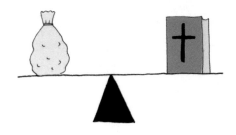

헌금생활 중 가장 힘들고 부담스러운 것이 바로 십일조 헌금
이다. 하나님은 우리의 모든 수입 중 십 분의 일은 하나님의
것이라고 말씀하시며 그것을 하나님의 창고에 들이라고 말
씀하신다. 그리고 그렇게 하지 않는 것은 하나님의 것을 도
적질하는 것이라고 말씀하신다. 하나님은 바른 십일조 생활

을 하는 사람을 축복하신다고 말씀하시며 바른 십일조 생활을 하지 않는 사람은 저주하시겠다고 분명히 말씀하신다.

사람이 어찌 하나님의 것을 도둑질하겠느냐 그러나 너희는 나의 것을 도둑질하고도 말하기를 우리가 어떻게 주의 것을 도둑질하였나이까 하는도다 이는 곧 십일조와 봉헌물이라 너희 곧 온 나라가 나의 것을 도둑질하였으므로 너희가 저주를 받았느니라 만군의 여호와가 이르노라 너희의 온전한 십일조를 창고에 들여 나의 집에 양식이 있게 하고 그것으로 나를 시험하여 내가 하늘 문을 열고 너희에게 복을 쌓을 곳이 없도록 붓지 아니하나 보라 만군의 여호와가 이르노라 내가 너희를 위하여 메뚜기를 금하여 너희 토지 소산을 먹어 없애지 못하게 하며 너희 밭의 포도나무 열매가 기한 전에 떨어지지 않게 하리니 너희 땅이 아름다워지므로 모든 이방인들이 너희를 복되다 하리라 만군의 여호와의 말이니라 말 3:8-12

소득의 십 분의 일을 뗀다는 것은 절대로 쉬운 일이 아니다. 나는 지금도 양복 한 벌을 새로 사려면 몇 번을 생각한다. 양복도 양복 나름이기는 하지만 나는 매달 양복 한 벌

값 정도의 십일조를 하나님께 드린다. 이제는 생활화되어 잘 의식하지 못하지만, 생각해보면 만만한 액수가 아니다. 믿지 않는 사람들이 보면 미쳤다고도 할 수 있을 것이다.

그런데 왜 하나님은 그와 같은 일을 하라고 말씀하시는 것일까? 하나님께서 자신을 위하여 우리에게 헌금을 하라고 하시는 것은 분명 아닐 것이다. 하나님께서는 우리를 위하여 십일조를 하라고 말씀하신 것이다. 십일조 생활을 하는 것이 왜 우리에게 유익한 일이 되는 것일까?

성경은 모든 사망의 원인을 죄로 보고 있다. 그런데 성경은 그 모든 사망의 원인이 되는 죄의 원인을 욕심으로 본다.

"욕심이 잉태한즉 죄를 낳고 죄가 장성한즉 사망을 낳느니라"(약 1:15).

그러므로 사망을 다스리려면 죄를 다스려야만 하고, 죄를 다스리려면 욕심을 다스려야만 한다. 여러 욕심 중에 가장 중심이 되는 욕심이 바로 물질에 대한 욕심이다. 물질에 대한 욕심을 다스릴 수 있다면 사람들은 그 밖의 욕심도 얼마든지 다스릴 수 있게 된다. 하나님은 우리로 하여금 물질에 대한 욕심을 다스리며 살라고 십일조의 법을 만드신 것이다.

사람들은 물질을 축복이라고 생각하지만 물질은 축복이

아니라 은사이다. 예수님은 사람의 생명이 소유의 넉넉함에 있는 것이 아니라고 분명히 말씀하셨다. 물질이 아무것도 아닌 것은 분명 아니지만 물질이 많고 넉넉하다고 해서 행복해지는 것도 분명 아니다. 그러므로 예수를 잘 믿는데도 가난한 사람이 있을 수 있다. 만일 물질이 축복이어서 우리를 행복하게 하는 것이라면 예수 믿는 사람을 하나님께서 가난한 채로 놔두실 리가 없다.

물질은 그러므로 축복이 아니라 은사이다. 은사란 특별한 사람에게 특별한 목적으로 주시는 것이다. 그리고 은사란 한두 가지가 아니라 여러 가지이며 하나님은 그 여러 은사를 사람에 따라 달리 구별하여 주신다. 그러므로 어떤 사람은 방언의 은사를 받으며 다른 어떤 사람은 가르치는 은사를 받는다.

예수를 잘 믿는다고 해서 누구나 다 방언의 은사를 받는 것은 아니다. 다른 은사를 받았을 경우 그 은사를 못 받는 경우도 얼마든지 있기 때문이다. 물질도 그와 같은 것이다. 물질은 은사이기 때문에 믿는 사람이라고 누구나 다 받는 것은 아니다.

또한 은사는 누리라고 주시는 것이 아니라 쓰라고 주시는 것이다. 그러므로 하나님이 물질을 바로 쓸 줄 아는 사람에게 물질의 은사를 주실 것은 자명한 이치다. 십일조 생활을 한다고 다 물질의 은사를 받는 것은 아니나 십일조 생활을 바로 하지 않고서 물질의 은사를 받을 수는 없다. 하나님께서 물질에 대한 욕심에 사로잡혀 있는 사람에게 물질의 은사를 주실 리는 없기 때문이다.

반듯한 신앙생활을 하기를 진심으로 원한다면 정직하고도 정확한 십일조 생활을 결단할 것을 권한다. 내가 가지고 있는 나름대로의 십일조 원칙이 있다. 참고가 되기를 바란다.

첫째, 모든 돈은 십일조를 떼고 난 후에 쓴다. 모든 수입이 생길 때마다 제일 먼저 그것의 십일조를 계산하여 떼어놓는 것이다. 즉 쓰고 남은 돈으로 십일조를 하는 것이 아니라 십일조를 떼고 남은 돈으로 생활한다. 십 분의 일을 계산하는 것도 중요하지만 하나님께 먼저 드린다는 것이 중요하다. 나는 십일조뿐만 아니라 그 밖의 다른 헌금도 매달 첫 주일에 드리는 것을 원칙으로 하고 있다.

둘째, 밥을 굶어도 십일조는 한다. 아직 밥을 굶으리만큼 절박한 상황으로 몰려본 일이 없어서 정작 그와 같은 상황에 달하면 내가 그렇게 할 수 있을지 없을지는 잘 모른다. 그러나 마음의 준비는 그렇게 하고 있다. 이 핑계 저 핑계를 대면 평생 십일조를 못할 수도 있기 때문이다.

셋째, 가능한 한 온전한 십일조를 드리기 위하여 노력한다. 교인들이 사과 한 상자를 주어도 그것의 십 분의 일을 드리려고 노력한다. 교인들이 명절에 구두표 한 장을 주어도 구두는 나중에 사서 신을망정 그것의 십일조는 계산하여 반드시 그때그때 드린다. 통장에 이자가 붙으면 그 주일에 그것의 십일조를 드린다. 아버지가 물려주신 집이 하나 있는데 그것을 사고팔 때마다 차익을 계산하여 십일조를 드린다.

이왕에 힘들게 드리는 십일조를 기왕이면 흠 없는 것으로 드리려고 나름대로 노력한다. 멀쩡한 과일이나 옷에 조금 흠이 있어서 제값을 못 받는 것을 보면 안타깝다. 그 만만치 않은 십일조를 드리면서 사탄에게 속아 흠이 있는 십일조가 된다면 얼마나 억울한 일인가?

온전한 십일조 생활을 권하고 싶다. 십일조는 구약의 법칙이라고 말하는 사람들도 있지만 나는 그렇게 생각하지 않는다. 온전한 십일조 생활을 하는 것이 옳다고 확신한다. 십일조 생활을 통하여 모든 죄의 근원이 되는 욕심을 버리고 주를 섬기는 원칙을 연습할 수 있으며, 하나님께 물질의 은사를 받을 수 있는 길이 열리게 되는 것이다. 그러므로 철저하고도 온전한 십일조 훈련만큼 신앙생활에서 중요한 것은 없다고 나는 생각한다. 깊이 한번 생각해보고 온전한 십일조 생활을 결단하기 바란다.

🖐 신앙 기본으로 돌아가자

십일조는 기본적으로 가치의 상대화를 위한 훈련이기에 우리에게 유익하다. 돈은 이 세상에서 가장 강력한 가치인데 우리는 그 돈을, 그것도 수입의 10퍼센트를 하나님께 바침으로써 세상의 가치를 상대화한다. 우리 자신을 포함한 모든 것이 다 하나님의 것이지만, 그 것을 구체화하는 방법으로써 십일조를 바쳐 우리의 생명과 존재가 하나님께로 말미암음을 과시한다. 꽃 한 송이 선물하기를 아까워하면서 "사랑합니다"를 되뇌는 남자의 프러포즈를 진심으로 받아들일 여자가 어디 있는가? 과연 재물이 있는 곳에 사랑이 있다.

24 헌금생활 Ⅰ

"너무 돈 돈 하지 마세요.
교회는 세상과 좀 다를 줄 알았더니 돈 얘기엔 더 흥분합니다."

십일조 헌금에 대하여 한 가지 더 이야기해야 할 게 있다. 십
일조 헌금은 자기가 등록하고 출석하는 교회에 내어 교회가
일하도록 하는 것이 옳다는 것이다. 사람들 중에는 십일조
헌금을 가지고 선교도 하고 구제도 하는 분들이 있는데 그것
은 잘못된 일이다.

모든 게 다 하나님의 것이기는 하지만 구태여 구분하자면 소득의 십 분의 일은 원칙적으로 하나님의 것이요, 나머지 아홉만이 우리의 것이라고 할 수 있다. 주일헌금이든 선교헌금이든 구제헌금이든 그것은 내가 하는 것이므로 하나님의 돈으로 하지 않고 내가 쓸 수 있도록 허락받은 돈에서 하는 것이 옳다.

선교헌금이나 구제헌금도 출석하는 교회에 내서 교회를 통하여 선교와 구제를 하는 것이 좋지만 특별한 경우에는 자신의 생각과 판단에 따라서 개인적으로 할 수도 있다. 그러나 십일조만큼은 그렇게 해서는 안 된다. 십일조는 하나님께 성별하여 드리는 것으로 끝이다. 다른 목적에 사용해서는 안된다.

가끔 보면 자신의 십일조를 가난하고 어려운 교회에 보내는 경우가 있다. 그것은 엄밀히 이야기하면 십일조가 아니라 선교헌금에 속한다. 가난하고 어려운 교회의 선교헌금을 자기 돈으로 하지 않고 하나님의 돈으로 한 셈이 된다. '일석이조'라는 말이 있다. 돌 하나로 새 두 마리를 잡는 것은 좋은 일이다. 그러나 헌금은 일석이조의 정신으로 하면 안 된다. 십일조 헌금으로 십일조도 하고 선교도 하고 구제도 하는 식으로 헌금을 해서는 안 된다는 말이다. 십일조는 십일조로만 끝내는 것이 깨끗하고 온전한 것이다.

교회생활과 신앙생활을 하다 보면 참으로 여러 종류의 헌금을 하게 된다. 엄밀히 이야기하면 십일조는 헌금이 아니다. 그것은 내 것을 드린 것이 아니라 하나님의 것을 구별한 것뿐이기 때문이다. 십일조 외에 하나님께 드리는 것을 헌금이라고 이야기할 수 있다.

그러므로 십일조를 드림으로 하나님께 헌금을 다 드렸다고 생각하는 것은 옳은 생각이 아니다. 십일조만 드리고는 그것으로 주일헌금이나 선교헌금이나 구제헌금 등의 일을 다 했다고 생각하는 사람들이 있는데 그렇지 않다.

앞에서 십일조는 밥을 굶어도 하는 것이 옳다는 이야기를 한 적이 있다. 다른 헌금도 그런 정신으로 하면 좋지만 십일조 외에 다른 헌금은 형편에 따라 드릴 수 있다. 십일조 헌금은 액수로 드리는 것이 아니라 퍼센트로 드리는 헌금이다. 그러나 십일조 외의 헌금은 퍼센트가 정해져 있는 헌금이 아니므로 형편에 따라 1퍼센트가 될 수도 있고 90퍼센트가 될 수도 있다.

미국의 어떤 신앙 좋은 실업가가 하나님께 '십의 9조'를 드린다는 이야기를 들었다. 소득의 90퍼센트를 하나님께 드리고 자기는 10퍼센트로 생활한다는 이야기이다. 우리나라에도 그와 같이 생활할 수 있는 사람들이 많아지기를 바란다. 그러나 정확히 이야기하면 '십의 9조'를 드린다는 것은 틀린 말이다. 십일조를 드리면서 주일헌금이나 선교헌금, 그리고 구제헌금 등의 비율을 높이다 보니 소득의 90퍼센트를 하나님께 드리게 되었을 것이다.

그러므로 바른 의미의 헌금생활은 십일조 외에 자기가 쓸 수 있도록 허락받은 십 분의 9중에서 하나님께 드리는 것이다. 그러한 의미에서의 헌금생활을 잘하는 분들이 되기를 바란다.

앞에서 말씀드린 바와 같이 주일헌금과 선교헌금, 그리고 구제헌금 등은 형편에 따라 소득의 1퍼센트가 될 수도 있고 90퍼센트가 될 수도 있다.

여러분은 이런 헌금생활을 열심히 잘 감당하여 소득의 90퍼센트 이상을 하나님을 위해 쓸 수 있는 사람들이 되기를 바란다.

👐 신앙 기본으로 돌아가자

미국의 한 유명 대학의 유학생 감독관은 이런 인사로 신입생들을 맞는다고 한다.

"Hello, International Students! Money is talking. Money matters here"(유학생 여러분, 돈이 말하는 겁니다. 여기선 돈이 중요합니다).

그는, 돈이면 다 된다는 천박한 물질숭배가 아니라 재정적인 성숙이 신용과 인격을 가늠하는 미국 사회의 분위기를 알려주는 말로 오리엔테이션을 마친다고 한다. 그렇다. 당신의 인격은 돈이 말한다. 당신이 하늘나라 은행에 입금한 돈이 말하는 것이다.

25 헌금생활 Ⅱ

"기존 신자는 그래도 괜찮습니다. 돈 얘기가 무서워 전도도 못 합니다.
헌금 얘기만 꺼내면 닭살 돋습니다."

실직3년 째...

교회생활을 하면서 기본적으로 하게 되는 헌금에는 대개 주
일헌금과 선교헌금, 그리고 구제헌금과 같은 것이 있다. 그
런 헌금을 드릴 때 어떠한 원칙과 자세로 드리는 것이 좋은
가에 대해서 이야기해보자.

첫째, 주일헌금에 관해 살펴보자. 모든 제사에는 예물이

있는 것이 원칙이다. 가난하여 드릴 것이 없을 때는 깨끗한 물 한 그릇이라도 떠놓고 기도를 하였던 것이 우리 조상들의 정신이었다. 주일헌금에는 바로 그와 같은 정신이 담겨 있다고 생각한다. 하나님께 예배드리면서 빈손으로 오지 않고 물 한 그릇이라도 정성껏 떠오는 심정으로 드리는 헌금이 바로 주일헌금이다.

앞에서 우리는 십일조는 엄밀한 의미에서 헌금이 아니라 생활이라는 이야기를 했다. 이러한 정신에서 이야기한다면 헌금생활의 기본은 주일헌금이라고 할 수 있을 것이다.

주일헌금은 어느 정도 드리는 것이 좋을까? 형편대로 할 수 있으나 내가 개인적으로 생각하는 몇 가지 기준이 있다. 길가의 걸인에게 조금이라도 구제할 만한 여유가 있는 사람이라면 하나님께 드리는 주일헌금이 길가 걸인에게 구제하는 수준이어서는 안 된다. 친구들을 만나서 커피 한 잔 정도는 큰 부담 없이 마실 수 있는 사람이라면 하나님께 드리는 주일헌금이 커피 값보다는 많아야 한다.

나는 개인적으로 하나님께 점심을 대접해드리는 마음으로 주일헌금을 드린다. 내가 정말 좋아서 진심으로 점심 한 번 잘 대접하려고 할 때 쓸 수 있는 액수를 생각하고 주일헌금을 드리는 것이다. 우리 집 식구는 모두 여섯이다. 우리 부부 그리고 어머니와 세 아들이다. 우리 여섯 식구가 주일날 드리는 주일헌금을 모두 합하면 아주 좋은 호텔 뷔페의 식사 비용보다 조금 많은 정도가 된다. 참고할 수 있기를 바란다. 그러나 앞에서 말씀드린 바와 같이 그것은 개인의 형편에 따라 얼마든지 달라질 수 있다. 하나님은 과부의 엽전 두 푼을 귀히 보시는 분이시기 때문이다.

둘째, 구제헌금에 관해 살펴보자. 하나님이 가장 기뻐 받으시는 헌금 중의 하나는 구제헌금이다. 하나님은 소자 한 사람을 위하여 냉수 한 그릇이라도 대접하는 자에게 결코 상을 잊지 않으시겠다고 약속하셨다. 레위기 19장에 보면 가난한 사람과 거류민을 위하여 추수할 때 밭의 네 모퉁이는 남겨두고 떨어진 이삭도 줍지 말라는 말씀이 있다.

그와 같은 정신에 따라 당시 우리 교회에서는 '이삭줍기'라는 헌금을 했다. 소득의 일정 부분을 남겨놓고 버려두어 가난한 이웃들이 주워가게 하자는 뜻의 헌금이다. 매달 천만 원보다 조금 더 모였는데 전액 가난한 이웃을 섬기는 데 사용되었다.

그 헌금도 물론 형편에 따라 했던 것인데 그때 나름대로 기준을 정해 드렸다. 할 수만 있거든 한 달 수입의 하루분은 가난한 자를 위하여 헌금하라는 것이었다.

매 삼 년 끝에 그해 소산의 십 분의 일을 다 내어 네 성읍에 저축하여 너희 중에 분깃이나 기업이 없는 레위인과 네 성중에 거류하는 객과 및 고아와 과부들이 와서 먹고 배부르게 하라 그리하면 네 하나님 여호와께서 네 손으로 하는 범사에 네게 복을 주시리라 신 14:28,29

어떤 분들은 이 말씀을 매년 내는 십일조 중 삼 년째 되는 해의 십일조를 구제헌금으로 사용하라는 말씀이라고 해석한다. 그러나 나는 매년 내는 십일조 외에 삼 년째 되는 해에는 십 분의 일을 더 내어 그와 같은 일을 하라는 것으로 해석했다.

교인 모두가 다 그렇게 했던 것은 아니지만 한 달 소득의 하루분을 이삭줍기 헌금으로 내는 교인들이 제법 있었다. 그 중에 가장 잊을 수 없는 헌금은 공장에서 일당을 받고 일하는 어느 가난한 할머니의 이삭줍기이다. 그 할머니는 이삭줍기 헌금으로 만천 원을 봉투에 넣었다. 그리고 그 봉투에 '공장 하루 품삯'이라고 쓰셨다. 그다음 달에 할머니는 이삭줍기 헌금으로 만삼천 원을 넣으셨다. 그리고 그 봉투에 '오늘은 잔업을 해서 수당 2천 원을 더 받았습니다'라고 쓰셨다. 그 할머니는 한 달에 하루를 이삭줍기를 위하여 일하는 날로 정하신 것이다.

하루 일당 만천 원을 받으시는 가난한 할머니가 한 달 중의 하루를 자기 아닌 남을 위하여 일하신다는 것처럼 근사하고 훌륭한 일이 어디 있겠는가? 한 달 모두를 자기만을 위하여 일한다는 것은 부끄러운 일이다.

셋째, 선교헌금에 관해 살펴보자. 하나님께 헌금을 한다고 할 때 하나님나라를 확장하기 위한 선교를 위하여 헌금하는 것 또한 중요한 일이 아닐 수 없다.

그때 우리 교회에는 국내 전도헌금, 세계 선교헌금, 학원 선교헌금, 북한 선교헌금, 장애인 선교헌금 등등의 헌금이 있었는데 각각 얼마씩이라도 매달 헌금을 하는 교인들도 있고 아니면 특별히 자기가 관심을 가지고 있는 부분에 헌금을 내는 교인들도 있었다. 그러나 대부분의 교인은 남녀 선교회에 가입하여 선교회비를 내는 것으로 선교헌금의 몫을 감당하고 있었다.

요즘도 세계 방방곡곡에서 또는 국내에서 주의 복음을 전하기 위하여 참으로 헌신적으로 나선 사람들이 얼마나 많은지 모른다. 그러나 모두가 다 일선에 나서서 헌신할 수는 없다. 후방에서 저들을 지원하는 사람들도 있어야만 하기 때문이다.

은사와 형편에 따라 선교의 후방에 섰다면 선교의 전방에서 복음을 들고 싸우는 분들의 후원만큼이라도 열심히 해야하지 않겠는가? 선교 전반에 대한 후원을 다 감당하지는 못한다고 해도 특별히 관심이 있고 소명이 있는 분야 한두 곳만큼은 열심히 선교헌금을 할 수 있는 사람들이 되기를 바란다.

넷째, 그 밖의 헌금들에 관해 살펴보자. 교회생활을 하다보면 그 밖에도 여러 종류의 헌금이 있다. 신년, 부활절, 교회창립주일, 추수감사절, 성탄절과 같은 절기헌금과 교회를 건축할 때 드리는 건축헌금이 그것이다.

이와 같은 헌금들을 정리하면서 나는 교회생활을 하면서 교인들이 내는 헌금이 이렇게 많은 것에 스스로 놀랐다. 그러나 또 한편으로는 교인들이 이런 엄청난 부담의 헌금을 내면서도 살아간다는 것에 놀랐고 그러면서도 교회를 떠나지 않는다는 것에 참으로 놀랐다. 나는 목사이지만 이해하기가 쉽지 않다.

그런 헌금생활을 감당하면서 산다는 것은 참으로 하나님의 은혜이다. 하나님이 감당하도록 도와주시기 때문에 그와 같은 헌금생활이 가능한 것이다. 헌금 작정은 우리가 하지만 그 헌금을 감당하게 하시는 분은 하나님이시다. 우리가 경험을 통하여 알고 있듯이, 바른 헌금생활을 하는 이들에게 하나님께서는 더 많은 것으로 하나님께 헌금할 수 있는 여유를 주신다.

헌금은 계산으로는 도저히 할 수 없다. 헌금은 믿음으로만 할 수 있다. 믿음으로 온전하고도 바른 그리고 풍성한 헌금생활을 할 수 있기를 바란다.

각각 그 마음에 정한 대로 할 것이요 인색함으로나 억지로 하지 말지니 하나님은 즐겨 내는 자를 사랑하시느니라 고후 9:7

🖐 신앙 기본으로 돌아가자

왜 헌금 앞에서 인색해지는가? 크게 세 가지 이유가 있다고 본다.

첫째, 나를 먹여 살리는 것은 돈이 아니라 살아 계시고 나를 사랑하시는 하나님이심을 믿지 못하기 때문이다.

둘째, 더 갖고 싶고 더 먹고 싶고 더 소비하고 싶은 탐욕 때문이다. 냉장고를 열어보라. 옷장을 열어보라. 먹어보지도 않고 버리는 음식과 입어보지도 않고 버리는 옷이 얼마나 많은가! 무엇을 사서 손에 쥐고 있어야 비로소 안도하는 이 마음, 이게 바로 소비병이다.

셋째, 불성실 때문이다. 하나님만을 바라보고 그분께 모든 것을 맡기는 것이 성실인데, 하나님을 바라보지 못하니 자연히 의욕만 앞서고 알맹이가 없는 부실한 생활을 할 수밖에 없다.

26 절제생활

"믿음으로 구원 얻으면 됐지 왜 자꾸 윤리를 만드냐고요?
누리고 살면 됐지 웬 절제냐고요?"

앞에서도 살펴보았지만 교회생활을 하면서 교인들이 하나
님께 드리는 헌금의 종류와 액수가 만만치 않음을 알게 되었
다. 그럼에도 불구하고 저들이 생활에 큰 어려움 없이 살아
가고 있는 가장 중요한 이유는 물론 하나님의 은혜와 축복
때문이다. 그러나 인간적인 측면에서 이해할 수 있는 부분이

또 하나 있는데, 그것은 신앙인들의 절제생활 때문이다.

바른 헌금생활을 하는 신앙인들은 대부분 술, 담배를 하지 않고 도박과 허랑방탕한 데 돈을 쓰지 않으며 깨끗한 생활을 한다. 예수를 믿지 않는 사람들은 교회에 헌금은 바치지 않지만 교회와는 비교도 할 수 없는 곳에 엉뚱한 돈들을 낭비하면서 살아가는 경우가 많기 때문에 오히려 어려운 경우가 얼마나 많은지 모른다.

바른 헌금생활을 하려면 건전하고 절제된 생활을 해야만 한다. 헌금생활을 하면서도 세상 사람들과 같이 헛된 일에 사치하여 돈을 낭비하면서 산다면 그는 정말 망하고 말 것이다.

큰아이가 중학생일 때, 10만 원이 넘는 운동화를 신는 아이들이 많아서 그것이 TV 뉴스에서 다뤄진 적이 있었다. 다행히 우리 아이들은 그런 신발을 사달라고 조르지를 않아서 한 번은 아이들에게 고맙다고 편지를 써서 보낸 적이 있었다. 나는 그 편지에서 아이들에게 10만 원짜리 운동화를 신어서는 안 되는 이유 몇 가지를 적어주었다.

첫째, 내가 누구인가 하는 것으로 경쟁을 해야지 얼마짜리 운동화를 신었는가로 경쟁한다는 것은 공정치 못한 일이고 부끄러운 일이다. 자기 자신에 대한 자부심이 약한 사람일수록 자신이 소유한 것을 가지고 이야기하는 법이다.

둘째, 그와 같은 일에 돈을 많이 쓰게 되면 정말 중요한 일에 돈을 쓸 수 없게 된다. 하나님께 십일조도 드릴 수 없게 되고 가난한 이웃들을 위하여 이삭줍기 헌금도 드릴 수 없게 된다.

다행히 아이들이 어렸지만 나의 말을 이해하고 동의해주었다. 그리고 가능한 한 절제하고 바른 헌금생활을 하려고 노력해주고 있다. 얼마나 감사한 일인지 모른다.

바른 헌금생활을 위하여 경건생활과 절제생활을 실천해야만 한다. 어떤 의미에서 보면 그것이 바로 바른 헌금생활을 하는 사람에게 주시는 하나님의 축복이요 상급인지도 모른다. 경건생활과 절제생활을 실천하여 바른 헌금생활을 하는 분들이 될 수 있기를 바란다.

👏 신앙 기본으로 돌아가자

절제하지 않는 마음은 도둑 심보다. 내가 쓸 수 있는 분량보다, 써도 되는 분수보다 앞당겨 쓰거나 미리 쓰거나 넘게 쓰면 이는 다 도둑질이다. 이 도둑질은 당신과 당신의 자손들을 빈궁하게 만든다. 훔쳐 쓰는 자원이 시간이든 환경이든 돈이든 반드시 빈곤에 빠지게 된다. 특히 환경과 관련하여 절제하라. 환경에 관한 무절제와 방종은 우리 후손의 공기, 물, 산하를 훔치고 토막 내는 아주 악질적인 절도 행위이다. 자녀를 사랑한다면, 그들에게 밝은 미래를 물려주고 싶다면 배기가스를 줄이고 일용품 사용을 자제하라.

27 유산 안 남기기

'유산 안 남기기' 운동을 벌이는 분들이 있어서 우리에게 신선
한 충격을 주고 있다. 나도 개인적으로 그런 삶을 살려고 생
각하고 준비하고 있다. '목사가 자식들에게 남길 유산이나
있겠는가'라고 생각할는지 모르나 작든 많든 남기려고만 마
음을 먹는다면 자식들에게 남길 유산이 있을 것이다.

크지는 않지만 아버지로부터 물려받은 부동산이 하나 있고, 또 나는 제법 열심히 저축을 하는 목사이기 때문이다. 나는 나름대로의 기준을 정해놓고 매달 일정 금액을 저축해왔다. 어떤 사람들은 목사가 저축하는 일을 속된 일로 단정하고 이상하게 생각하는 분들도 있지만 나는 생각이 다르다.

나는 목사인 동시에 세 아이의 아버지요, 한 아내의 남편이요, 어머니의 유일한 자식이다. 나는 한 가정의 가장이다. 나는 교회와 목회에도 책임이 있는 사람이지만 내 가족에 대해서도 책임이 있는 사람이다. 그러므로 나는 나와 내 가족을 위하여 나름대로의 대책을 세워놓아야만 한다고 생각한다. 그렇지 않으면 나중에 교회와 교인들에게 개인적으로 많은 피해를 끼치게 될 것이다.

교인들이 목사를 믿음만 좋고 대책은 없는 분이라고 농담처럼 이야기하지만 나는 개인적으로 그런 소리를 듣고 싶지 않다. 그래서 일정액을 목표로 꾸준히 저축했다. 나는 내가 가지고 있는 재산과 저축에 대하여 다음과 같은 생각을 가지고 있다.

우리 집 식구는 우리 부부와 어머니 그리고 세 아들을 합하여 모두 여섯인데, 나는 식구 여섯 모두가 우리가 가지고 있는 재산과 저축에 대하여 육분의 일씩의 권한을 기본적으로 가지고 있다고 생각한다. 물론 그렇다고 해서 가족 모두가 꼭 육분의 일씩을 다 쓰는 것은 아니다. 아이들이 아무래도 가장 많이 쓴다. 어른들의 몫을 더 나누어주기 때문이다.

아이들이 결혼하게 되면 가능한 한 재산의 육분의 일을 나누어줄 생각이다. 우리 부부도 죽을 때까지는 우리의 몫인 육분의 일씩은 가지고 있으려고 한다. 그러나 우리 부부가 죽게 될 때 우리 몫의 육분의 일은 자식들에게 주지 않고 교회에 바치려고 한다. 그것이 내가 생각하고 있는 '유산 안 남기기'의 방법이다.

내가 벌고 모은 돈이라고 그것이 다 나의 재산과 돈이라고 생각하지 않는다. 나의 몫의 돈과 재산은 우리가 가지고 있는 모든 돈과 재산의 육분의 일뿐이다. 그것이 내 것이며 유산을 남기지 않겠다고 할 때 남기지 말아야 할 유산은 내 몫인 육분의 일을 의미한다. 그것은 죽을 때 자식에게 물려주지 않을 것이다.

자식들은 자기 몫의 육분의 일을 달란트처럼 가지고 살아가게 될 것이다. 얼마가 되든지 그것을 자본금으로 하여 재산과 돈을 모으게 될 것이다. 저들은 그것을 또한 저들의 가족과 나눌 것이다. 물론 거기에는 내 몫도 들어 있다. 내가 벌고 모은 돈에서 자기들의 몫을 나누어주었듯이 저들도 저들이 벌고 모은 돈의 한 몫을 나와 내 아내에게 주어야 할 것이다. 내 자식들도 자기 몫의 돈과 재산을 가지고 살다가 죽을 때 그것을 자식에게 유산으로 물려주지 않고 하나님께 드린다.

나는 그렇게 사는 것이 옳은 일이라고 생각한다. 나는 나와 우리 후손들이 그런 정신으로 살았으면 좋겠다.

나는 자기 재산을 모두 자기 것이라고 생각하고, 죽을 때 자녀들의 몫까지 모두 하나님께 바치는 것은 월권이라고 생각한다. 그러나 자기 재산을 모두 자식들의 것이라고 생각하여 그것을 모두 자녀에게 유산으로 물려주는 것도 좋지 않다고 생각한다. 잘못하면 자식을 버리게 될 가능성이 높기 때문이다.

자식들의 몫은 언제나 자식들의 몫이다. 그가 살아 있는 동안 저들은 그 몫을 관리할 책임과 권한을 가지고 있다. 그 책임과 권한까지 내가 다 행사하려는 것은 지나친 일이다. 그것은 저들이 살아 있는 동안 관리하도록 남겨주는 것이 옳은 일이다.

우리 가족은 하나님을 아버지로 믿고 있다. 따라서 가족의 몫을 나눌 때 여섯으로 나누면 안 되고 일곱으로 나눠야만 한다. 하나님도 우리 가족이시기 때문에 나는 하나님이 우리 가족이 소유하고 있는 재산과 재물에 대하여 칠분의 일의 권한이 있으시다고 생각한다.

따라서 우리 가족의 헌금의 기준은 십분의 일이 아니라 칠분의 일이다. 매달 수입의 칠분의 일뿐만 아니라 재산의 칠분의 일 몫도 하나님의 것이라고 생각하고 있다.

그러나 사실은 우리 집에서 하나님의 몫이 제일 많으시다. 언제나 칠분의 일보다는 훨씬 더 많은 부분을 하나님이 사용하신다. 그래도 우리는 그것을 감사하고 있다. 그렇게 하고도 다른 식구들이 큰 불편 없이 살고 있으니 얼마나 감사한 일인가?

재산과 유산에 대해서도 한 번쯤 진지하게 생각해볼 수 있기를 바란다.

👏 신앙 기본으로 돌아가자

모 의류그룹을 이끄는 신실한 크리스천 경영인은 자식들에게 "손을 이리 다오" 하고 말한 후 이렇게 유언하겠다고 했다.

"얘들아, 아빠가 너희 손에 준 것은 아빠의 빈손이다. 아빠는 너희에게 아무것도 줄 게 없지만, 너희들 때문에 너무 행복했고 하나님만 바라보며 살아온 이 아빠의 삶을 너희에게 전해주고 싶다. 사랑한다."

재물을 물려주는 부모는 바보요, 재물을 다스리는 지혜와 생활 자세를 물려주는 부모는 괜찮은 부모, 그 모든 것을 주시는 하나님을 믿는 삶을 물려주는 부모는 훌륭한 부모다.

PART 3

묵은 사랑에
불씨를 던져라

28 교회생활

공부를 잘하려면 자기가 다니는 학교를 자랑스럽게 생각하여 학교 다니기를 좋아해야만 한다. 자기가 다니는 학교를 우습게 여기거나 부끄럽게 여겨 학교 다니기를 별로 좋아하지 않으면 공부를 잘하게 될 가능성이 아주 낮아진다.

예수를 잘 믿는 데도 똑같은 원칙이 적용된다. 자기가 다니는 교회를 자랑스럽게 여길 줄 알아야 하고 자기 교회를 좋아해야만 한다. 자기 교회를 그저 그런 교회로 여기고 별로 좋아하지 않는 사람 치고 예수를 잘 믿는 사람을 만나본 적이 없다.

물론 학교를 다니지 않고 혼자서 공부하여 검정고시를 보는 경우도 있기는 하다. 부득이한 경우 그렇게 할 수도 있고 또 그와 같은 어려운 상황 속에서도 최선을 다하는 사람들의 장점이 있는 것도 인정한다. 그러나 할 수만 있다면 좋은 학교를 만나 정상적인 학교생활을 거치면서 공부를 하는 것이 여러 면에서 바람직하고 좋다는 것을 부인할 사람은 아무도 없을 것이다.

물론 꼭 교회를 다니지 않고 혼자서 예수를 믿어도 구원받을 수 있을 것이다. 교회를 다니기 때문에 구원을 얻는 것이 아니라 예수를 믿기 때문에 구원을 얻는 것이기 때문이다. 때로는 교회 때문에 신앙생활에 상처를 입어 교회무용론을 떠나 교회유해론을 이야기하는 무교회주의자들도 있지만, 그것은 특별한 경우 때문에 보편적인 경우까지 부인하는 오류를 범한다.

신앙생활에서 바른 교회생활처럼 중요한 것은 없다. 좋은 사람을 만나기 위하여 기도하듯, 좋은 학교에 들어가기 위하여 기도하고 노력하듯, 좋은 교회를 만나 그곳에서 신앙생활을 할 수 있도록 기도하고 노력해야만 한다.

생각없이 이사를 해놓고는 아무런 부담 없이 교회를 옮기는 사람들이 있는데 이는 어리석은 일이다. 가까운 교회가 좋은 교회라면 교회를 먼저 정하고 그 교회에 맞게 가까운 곳으로 이사를 하는 것이 백 번 천 번 더 지혜로운 일이다. 교회는 그만큼 우리에게 중요한 곳이라는 사실을 잊어서는 안 된다.

교회를 중히 여기고 사랑하라. 열심히 교회생활 하기를 힘쓰라.

학교생활을 열심히 성실히 잘해야 공부를 잘할 수 있듯이, 교회생활을 열심히 성실히 잘해야 예수를 잘 믿을 수 있다는 사실을 꼭 기억하기 바란다.

👏 신앙 기본으로 돌아가자

교회는 경건의 수단이 아니라 역사의 목적이고 구원의 최종적인 목표다. 이 말이 안 믿어진다면 요한계시록을 보라. 역사의 마지막에도 남는 것은 무엇인가? 예수님이 재림하신 이후에도 남는 조직은 무엇인가? 그것은 '교회'이다. 만물과 천사와 성도가 함께 노래하는 어린양 교회!

이 천상의 교회를 지상에서 맛보지 않고도 얼렁뚱땅 천상 교회의 일원이 될 생각일랑은 아예 접어라. 눈에 보이는 교회에 충성 못하면서 눈에 보이지 않는 교회를 사랑하겠다니….

29 교회 사랑

"세상에는 교회만 있는 게 아닌데 너무 교회를 강조하면 우물 안 개구리가 되지 않을까요?"

시편 122편 6절에 보면 "예루살렘을 사랑하는 자는 형통하리로다"라는 말씀이 있다. 이 말씀을 아주 단순한 말로 바꾸면 "교회를 사랑하면 복을 받는다"는 말이 된다. 그것은 사실이다. 교회를 사랑하면 복을 받는다.

설날에 옛날 교회에서 함께 자라난 친구들과 함께 우리를 길러주시고 키워주신 노(老) 목사님 댁에 찾아가 세배를 드린 적이 있다. 각 곳으로 흩어져 있던 친구들과 그 아이들까지 다 불러 모아놓으니 참으로 볼만했다. 군인, 목사, 교수, 사장 등 각기 서로 다른 직업을 가졌는데 모두 나름대로 성공을 했다. 세상적으로도 성공했고, 신앙적으로나 가정적으로도 성공했다. 정말 어느 친구 하나 흠잡을 데가 없었다. 친구들은 고사하고 그 친구들의 아이들 하나까지도 흠잡을 데 없이 훌륭하게 잘 자라 있었다.

학생 때 특별히 뛰어난 친구들이 없었음에도 불구하고 참으로 놀라우리만큼 성공하고 복을 받았다. 그때 나는 시편 122편 6절의 말씀을 기억했다. 그리고 우리가 그 말씀의 증인이라는 사실을 알게 되었다.

우리처럼 교회를 좋아하고 사랑하는 사람이 아마 많지 않았을 것이다. 우리는 정말 교회를 좋아하고 사랑했다. 지금도 이 글을 쓰는데 마음이 뜨거워지고 눈에 눈물이 고인다. 우리가 다닌 청량리 중앙교회는 가난한 산동네의 산 중턱에 있는 교회였는데, 비만 오면 교회로 올라가는 언덕길이 빗물에 파이곤 하였다.

우리는 비가 오면 약속이나 한 듯 새벽에 교회로 갔고 가

마니에 흙을 퍼 담아 파인 길을 메워놓고 학교에 가곤 했었다. 식목일이 되면 꽃 한 포기라도 심겠다고 교회로 모였고 심을 것이 없으면 괜스레 이 나무를 뽑아 저기에 심고 저 나무를 뽑아 여기에 심고 하면서 온종일 교회에서 살았다. 우리는 정말 교회가 좋았다.

친구들 모두 정말 믿음이 좋다. 그들은 모두 하나님을 사랑하고 하나님의 말씀대로 살려고 나름대로 최선을 다하며 살고 있다. 지금은 흩어져서 각기 다른 교회를 섬기고 있지만 여전히 자기들의 교회를 사랑하며 섬기고 있다. 그러다 보니 가정도 복을 받고 사업과 직장도 복을 받게 된 것이다.

교회를 사랑하라. 그러면 틀림없이 하나님께서 복을 주실 것이다. 만사가 형통하는 복을 주실 것이다. 너무 깊이 교회에 발을 들여놓으면 부담이 많다고 해서 교회와 일정한 거리를 두고 신앙생활을 하는 사람들이 더러 있는데, 세상에 혼자 똑똑한 척하면서 가장 어리석은 삶을 사는 사람이 바로 그와 같은 사람이다. 절대로 속아서는 안 된다.

세상에서도 아웃사이더가 되면 안 되지만 교회에서는 절대로 아웃사이더가 되면 안 된다. 이왕에 교회생활을 하고 신앙생활을 하려면 교회에 깊이 발을 들여놓는 것이 좋다.

때로는 부담도 되고 때로는 상처도 받지만 교회를 사랑하여 교회에 깊이 발을 들여놓음으로 받는 유익과 축복에 비하면 아무것도 아닌 것이다.

봉사할 것이 없는가 찾아보라. 헌신할 것이 없는가 찾아보라. 교회에 부족한 것은 없는가 살펴보라. 교회에 어려운 일은 없는가 돌아보라. 내가 필요한 구석이 없는지 찾아보고 할 수 있는 대로 교회에 도움이 되는 일에 앞장서라.

물론 교회에도 텃세가 있어서 처음에는 교회의 중심으로 들어가기가 쉽지 않지만 그래도 세상보다는 쉽다. 조금만 참고 겸손한 자세로 열심히 하면 누구나 교회의 중심에서 교회를 섬길 수 있다.

절대 교회 밖으로 밀려나지 않도록 조심하라. 노력하고 기도하라. 교회에 정을 쏟으라. 그러면 교회 다니는 일이 즐거워져 남보다 한 번이라도 더 나가게 되고 예배 중에 은혜도 더 받게 된다. 신앙이 반듯하고 아름답게 자랄 것은 자명한 일이다. 그러면 자연히 하나님의 축복밖에는 받을 것이 없게 될 것이다.

"예루살렘을 사랑하는 자는 형통하리로다." 아멘.

🤚 신앙 기본으로 돌아가자

어떤 학자들은 교회를 가리켜 예수 그리스도의 제2의 성육신이라고 말한다. 왜냐하면 주님께서 교회를 그분의 몸이라 하셨기 때문이다. 그렇다면 우리는 교회를 보면서 그리스도를 봐야 한다. 또한 그 몸의 각 지체요 마디인 우리는 그분을 머리로 서로 연합하고 엉겨야 한다. 정신이 온전하고 자해하는 사람이 없듯이, 그리스도를 사랑하고 믿는다 하면서 교회를 사랑하지 않는 사람은 없다. 교회 사랑, 당신의 신앙 점검 리트머스지다!

30 멀어도 교회 잘 나오기

"교회는 다 같은 것 아닙니까?
모교회 본교회에 하면서 다니던 교회만 고집하는 건 왠지 좀스럽지 않나요?"

목회를 하다 보면 힘들고 어려운 일을 만날 때가 종종 있다. 그런 일을 만나면 나는 그것이 얼굴에 그대로 나타났다. 그 속을 숨기지 못하기 때문에 교인들이 대번 알아차리곤 했다. 한번은 주일예배를 마치고 교인들을 배웅하는데 한 청년이 악수를 하며 "목사님, 힘내세요. 저는 매주 대

전에서 옵니다. 저를 보시고서라도 힘을 내세요" 하고 말했다. 정말 힘이 났다.

내가 동안교회에서 시무하던 당시, 신랑을 따라 미국에서 공부하던 한 자매는 전에 전라도 광주에서 교회를 다녔다. 한 주일도 빠지지 않고 새벽에 버스를 타고 올라와 예배를 드리고 다시 내려가곤 했다. 그때 제일 먼 곳에서 출석했던 사람은 속초에서 출석했던 교인이었다. 신혼부부인데 한 주일도 빠지지 않고 나왔다. 분당에서 새벽기도회를 나오는 교인도 있었다. 그러니 용인이나 수원 그리고 인천 정도에서 출석하는 교인은 명함도 내놓을 수 없었다.

그 당시 나는 우리 교회만 최고라는 생각은 하지 않았다. 그럼에도 불구하고 나는 그들에게 가까운 교회에 가라는 이야기를 한 번도 하지 않았다. 멀리 이사 가서 가까운 교회를 나가는 사람에게 본 교회로 나오라는 이야기를 한 적도 없지만 군이 먼 데서 나오는 교인들에게 가까운 교회를 가라고 이야기하지도 않았다.

흔히 사람들은 교회는 가까워야만 한다는 이야기를 한다. 그래서 이사만 하면 무조건 교회를 옮기려는 사람들이 있다. 그러나 나는 그런 생각에 동의하지 않는다.

내가 교인들에게 하는 말이 있다. 나는 서울대학교가 멀어서 학교 옮기는 사람을 본 일이 없다. 학교에 맞추어 집을 바꾸어야지 집에 맞추어 학교를 바꾸는 법이 어디 있는가? 교회가 가까워야만 된다면 교회를 바꾸지 말고 집을 바꿔라.

이사를 해놓고는 아무런 부담도 생각도 없이 교회를 바꾸는 사람은 신앙생활을 절대로 잘할 수 없다. 좋은 교회를 찾은 후 그 교회 가까운 곳으로 집을 옮겨야만 한다. 좋은 교회는 찾았는데 형편상 집을 옮길 수 없다면 멀어도 다녀야한다. 광주에서라도 속초에서라도 그 교회를 다녀야 한다. 예수는 그런 정신으로 믿어야 한다. 그렇게 믿으면 반드시 남이 알지 못하는 하나님의 비밀을 많이 깨닫게 되고 축복을누리게 될 줄로 믿는다.

집보다는 교회를 중히 여기는 마음이 있어야 한다. 사실 교회는 가까운 것이 좋다. 그래야만 신앙생활을 열심히 하기가 좋다. 그것은 사실이다. 그러나 중요한 것은 가까운 교회에 다니기 위하여 교회를 바꾸지 말고 집을 바꾸라는 것이다. 그것이 여의치 않다면 멀어도 좋은 교회를 다니는 것이좋다. 교회는 멀든 가깝든 열심히 다녀야 한다.

✋ 신앙 기본으로 돌아가자

1900년대 초 우리나라에서 강력한 영적 부흥이 일어날 때 수많은 성도가 홑이불 한 장, 솥단지 하나, 먹을 쌀 몇 되를 이고 지고 몇 십 리 길을 걸어 사경회에 참석했다. 이 영적 불꽃이 큰 불을 일으켜서 평양이 동양의 성도(聖都) 예루살렘이라 불리는 영광을 누리게 되었던 것이다. 당신 신앙의 어머니 교회를 우습게 여기지 말라. 신문이나 우유처럼 보거나 보거나 먹다 끊고, 학원처럼 다니다 옮길 수 있는 만만한 곳으로 여기지 말라. 교회는 당신 신앙의 어머니, 믿음의 후견자다.

31 목회자 사랑

"사랑할 구석이 없어요. 찌르고 때리고 상처 주기 일인자 우리 목사님을 어떻게 사랑하란 말입니까?"

고등학교 3학년 때 수학 선생님과 한번 크게 다툰 적이 있었다. 누가 옳았는지는 잘 기억나지 않으나 분명한 것은 손해를 본 사람은 나였다는 것이다. 그후로 나는 수학 시간만 되면 그냥 잠을 자버렸다. 선생님과 틀어지니 수업이 귀에 들어오지 않았기 때문이다. 결국 수학의 진도는 그 이상 나갈 수

가 없었고 엄청난 손해를 감수할 수밖에 없었다.

교회에도 별것 아닌 사소한 문제로 목회자와 사이가 나빠지는 사람들이 있다. 목회자와의 관계를 대수롭지 않게 생각하고 조심성 없이 행동하다 보면 엄청난 영적인 손실을 감수해야만 한다.

목회자와 관계가 나빠지게 되면 가장 큰 문제가 되는 것이 바로 설교이다. 설교가 귀에 들어오지 않기 때문이다. 다른 사람들은 다 은혜를 받는데 유독 자신만 은혜를 받을 수가 없는 것이다.

신앙생활에서 목회자의 설교를 통하여 은혜를 받고 성장하는 면은 절대로 무시할 수 없다. 어쩌면 가장 큰 부분을 차지할는지도 모른다. 그런데 그와 같은 영적인 채널을 단절하고 건강한 신앙생활과 은혜생활을 한다는 것은 거의 불가능한 일이다. 수학 선생님과 틀어지면 수학을 놓치게 될 확률이 아주 높아지는 것처럼 목회자와 인간적으로 틀어지면 신앙을 놓치게 될 확률이 아주 높아진다는 사실을 우리는 알아야 한다.

반대로 선생님을 좋아하게 되면 그 선생님이 가르치는 과목의 성적은 올라간다. 그것은 아주 당연한 귀결이다. 다른 과목은 몰라도 자기가 좋아하는 선생님의 과목을 놓치는 아이들은 거의 없다고 해도 과언이 아니다. 똑같은 이치로 목회자를 사랑하고 좋아하면 신앙의 성적이 올라간다. 좋은 신앙의 성적을 원한다면 목회자와 바른 관계를 맺기 위해 노력하고 기도해야 한다.

우리의 신앙을 방해하기 위하여 사탄이 가장 잘 사용하는 전략 중의 하나가 바로 목회자와의 관계를 나쁘게 하는 것이다. 그것은 아주 쉬운 일이다.

왜냐하면 목회자에게도 얼마든지 인간적인 흠과 잘못이 있기 때문이다. 그러한 면을 조금만 부각시켜 실망하게 만든다면 목회자와의 관계를 나쁘게 만드는 것쯤은 참으로 아무것도 아닌 것이다.

그러나 우리가 알아야 할 것이 있다. 우리가 목회자를 귀히 여기고 존경해야 하는 중요한 이유는 그의 사람됨 때문이 아니라 그가 맡은 일이 너무 귀하고 소중하기 때문이다. '어떻게 저렇게 부족한 점이 많고 흠이 많은 사람이 그런 일을 할 수 있지?' 생각할 수도 있지만, '저렇게 우리와 똑같이 부족하고 흠이 있음에도 불구하고 그 힘들고 어려운 목회의 길에 어떻게 헌신할 수 있었을까?'를 생각하며 기특하고 소중히 여길 수도 있다.

사탄은 우리가 전자와 같이 생각하기를 원하지만, 하나님은 우리가 후자와 같이 생각하기를 원하고 계신다. '나는 감히 생각지도 못한 목회의 길을, 그래도 선뜻 감당하겠다고 나선 것이 기특하고 훌륭하지 않은가?' 그것을 생각하고 그의 인간적인 허물과 약점은 덮어주고 감싸 안으며 목회자를 진심으로 사랑하고 섬기면 틀림없이 하나님의 축복을 받게 될 것이다.

성경에도 보면 "선지자의 이름으로 선지자를 영접하는 자는 선지자의 상을 받을 것이요"(마 10:41)라는 말씀이 있다. 반대로 "목자를 치리니 양들이 흩어지리라"(막 14:27)라는 말씀도 있다.

목회자를 영접하고 귀히 여기면 그를 통하여 주시는 하나님의 상급을 받게 될 것이다. 그러나 사탄에게 속아서 함부로 목회자를 치게 되면 영적인 양들이 흩어져 신앙조차 유지하기가 어렵게 될 것이다.

평교인일 때는 그래도 목회자와 좋은 관계를 유지하기가 쉽다. 별로 부딪힐 일이 없기 때문이다. 그러나 교회의 중직을 맡다 보면 의견 충돌이 생기게 마련이다. 무조건 목회자의 의견에 맹종할 필요는 없지만 의견 충돌이 일어날 때 조심해야 한다. 잘못하다가 목회자와의 관계가 나빠져서 신앙생활에 피해를 입어서는 안 되기 때문이다.

교회의 중직을 맡은 후 오히려 신앙이 떨어지는 경우가 많은 까닭이 바로 여기에 있다. 일만 생각하다가 더 중요한 관계를 소홀히 하거나 놓침으로 신앙생활에 큰 피해를 입게 되기 때문이다.

학생은 선생님을 좋아해야 공부를 잘할 수 있고 교인들은 목회자를 좋아해야만 예수를 잘 믿을 수 있다. 그러나 무조건 목회자를 좋아하기가 어려우니 평소부터 기도해야 한다. "좋은 목회자, 즉 존경하고 사랑할 수 있는 목회자를 만나게 해주세요" 하고 기도해야 한다. 좋은 배필을 만나는 것 못지않게 좋은 목회자를 만나는 것이 축복이기 때문이다.

할 수만 있거든 목회자와 다투지 않도록 조심하라. 목회자와의 문제 해결은 할 수 있는 대로 기도로 하고 하나님께 위탁하고 부탁하라.

다윗이 사울 왕을 하나님이 기름 부은 사람이라고 함부로 손대지 않았던 일을 기억해야 한다. 다윗은 절대로 여러분보다 못한 사람이 아니었다. 사울이 잘못되었음에도 불구하고 그는 사울에게 자신이 직접 손을 대려 하지 않았다. 다윗은 하나님을 믿었다. 하나님이 기름 부으신 사울이 잘못되었으면 반드시 하나님께서 손을 대실 것이라는 믿음이 있었던 것이다.

잘못된 사울처럼 잘못된 목회자들이 있는 것을 안다. 그러나 저들은 하나님의 종이다. 하나님이 친히 벌하시고 책망하실 것이다. 하나님의 일까지 직접 담당하려는 우를 범하지 말라. 사탄에게 속는 것이다. 사탄에게 속아 신앙을 잃어버리고 교회를 어지럽게 만드는 일이 우리 주위에 얼마나 많은지 모른다.

하나님께 열심히 기도하여 좋은 아내와 남편 그리고 좋은 스승을 만나듯, 좋은 목회자를 만나 평생 그를 존경하고 좋아하면서 그를 통하여 주시는 하나님의 상급과 축복을 누리며 사는 여러분들이 될 수 있기를 기도한다.

🖐️ 신앙 기본으로 돌아가자

개혁신학의 거두 아브라함 카이퍼(Abraham Kuyper)는 한 성도의 사랑 때문에 복음적인 목사요 신학자로 탈바꿈할 수 있었다. 그는 목사 안수를 받을 때까지만 해도 자유주의자였다. 한 시골 교회에 청빙받아 목회를 하던 중 한 여교우에게서 "목사님의 설교는 신학적으로 현란하고 많은 개념을 담고 있으나 우리를 위해 피 흘리신 예수 그리스도가 없습니다"라는 충격적인 편지를 받고 많은 고뇌 후 진정한 개혁주의자로 거듭났다. 양복, 좋은 음식, 구두 티켓, 자동차… 이런 것들로 목회자 사랑을 표현하지 말고 그를 위해 진심으로 기도하라.

32 성직과 전문직

신앙생활을 하는 데 목회자와의 관계가 중요하다는 이야기
를 앞에서 했다. 그런데 교회생활을 하면서 목회자와의 관계
가 나빠지는 가장 큰 이유 중의 하나는 '역할 혼동'이다. 목
사와 장로와 집사 그리고 권사들은 무엇을 하는 사람인지
정확히 이해하지 못할 때 서로의 역할 사이에 갈등과 마찰이

생기게 된다.

　교회 안에서 교인과 목회자 사이의 갈등을 살펴보면 물론 의견과 생각의 차이에서도 갈등이 생겨나지만 대부분은 목회자와 교인의 역할 혼동에서 갈등이 생겨난다는 것을 알 수 있다. 그러므로 목회자와 좋고 바른 관계를 유지하기 위하여 가장 중요한 것은 목회자의 역할과 지위에 대해 먼저 정확히 이해하는 것이다.

　사람들은 목회자를 성직자라고 한다. 목회자는 성직자임에 틀림없다. 그러나 나는 목회자만 성직자라고 생각하지 않는다. 예수를 믿는 모든 사람이 가지고 있는 반듯한 직업은 모두가 다 성직이며 또한 성직이어야만 한다. 그것은 천직과 같은 개념으로 해석할 수 있다. 모든 직업은 하나님께로부터 말미암은 것이며 주어진 것이기 때문에, 어느 것 하나 성스럽지 않은 직업은 없는 것이다. 목사라는 직업도 여러 직업 중의 하나일 뿐이다. 너무 특별한 것처럼 구별하여 생각하는 것은 그다지 옳은 일이 아니다.

　목회자가 목회자만을 성직자라고 생각하고 고집하는 것은 교만한 일이요 교인들이 목회자만을 성직자라고 생각하고 부르는 것은 비겁한 일이다. 자기의 직업을 하나님을 위하여 사용하지 않고 자기의 인간적인 욕심을 충족시키기 위한 데에 사용하고 싶은 마음이 숨겨 있기 때문이다.

　교인들이 목회자를 존경하고 잘 섬기기 위하여 목회자를 성직자라고 높이 생각해주는 일은 귀한 일이지만, 구태여 따져서 생각한다면 목회뿐만 아니라 모든 직업을 성직으로 이해하고 받아들이는 것이 옳다. 마틴 루터와 같은 종교개혁자들도 직업을 소명으로 이해했던 것을 보면 그와 같은 나의 생각이 크게 잘못되지 않았다는 것을 알 수 있다.

　교회의 목회자들은 성직자로서 이해되는 것도 중요하지만 더 중요한 것은 전문가로서 이해돼야 한다는 것이다. 목사는 교회 목회를 위하여 전문적으로 훈련받고 그 일에 전적으로 헌신한 사람이다.

　구약 시대에도 보면 하나님은 레위 지파를 구별하여 성막과 제사에 관한 일을 돌보게 하셨다. 하나님은 레위 지파를 다른 모든 지파보다 뛰어나게 차별하신 것이 아니다. 단지 성막과 제사만을 위하여 일할 전문적인 사람이 있어야 한다고 생각하셔서 레위 지파를 구별하신 것뿐이다.

　모든 중요한 일은 전문성을 가지고 있어야 한다. 전문성 없이 아무나 할 수 있는 일은 그다지 중요한 일이 아니다.

사람의 생명을 다루는 의사는 고도의 전문성을 요하는 직업이다. 전에는 일반의만 되어도 의원을 개원하고 얼마든지 의료활동을 하며 생활할 수 있었지만 요즘은 전문의가 되지 않으면 의사로서 인정받기가 어려우리만큼 수준이 높아졌다.

의사가 되려면 의대에 입학하여 전문적인 훈련을 받아야만 한다. 의사가 된 후에도 병원에서 의료행위를 하면서 경험을 쌓아 점점 훌륭한 의사가 되어가는 것이다. 그리고 그런 의사들이 있어서 많은 사람이 질병을 치료받고 건강한 생활을 할 수 있게 된다.

만일 의사의 전문성을 인정하지 않고 누구나 조그마한 개인적인 경험과 생각을 가지고 제멋대로 병원에 들어와 의료행위를 한다면 어떤 일이 일어날 것인지는 불을 보듯 자명한 일이다.

목회란 사람의 영적인 생명을 다루는 더 중요한 일이라고 할 수 있다. 하나님은 인간의 육적인 생명을 다루기 위하여 의사라는 직업을 만드셨고 인간의 영적인 생명을 다루라고 목사라는 직업을 만드셨다. 인간의 육적인 생명을 다루는 의사라는 직업은 전문성을 인정받고 점점 전문가가 되어가는데 인간의 영적인 생명을 다루는 목사는 교인들에게도 전문성을 인정받지 못하고 점점 아마추어가 되어가고 있다.

그리고 교회의 일을 아무런 전문적인 훈련도 받지 않은, 그리고 그와 같은 일에 전적으로 헌신도 하지 않은 교인들이 자기 소견에 좋은 대로 이끌어가고 있기 때문에 교회는 더 이상 발전하지 못하고 혼란과 어려움에 점점 빠져들고 있다.

목사와 목회의 전문성을 인정해주어야 한다. 그리고 교인들이 참여해야 할 부분과 목회자에게 전적으로 위임하고 맡겨야 할 일이 무엇인가를 정확히 구분하고 이해하는 일이 무엇보다 중요하다. 지금 우리 한국교회의 상황을 목회자의 입장에서 표현해보라면, 의사도 아닌 사람들이 약간의 상식을 가지고 칼을 들고 겁 없이 환자들을 수술하고 있는 것과 같다고 할 수 있다.

교인들은 목회자의 전문성을 인정해주고 목회자들은 목회의 전문가답게 실력을 쌓아갈 때 교회는 정말 좋은 교회가 되어갈 것이고, 교인들은 그런 교회를 통하여 보다 건강한 신앙생활을 할 수 있게 될 것이다. 이에 대한 깊은 이해를 가지게 되기를 바란다.

👋 신앙 기본으로 돌아가자

만인 제사장주의가 반성직주의는 아니다. 그리스도 안에서 만인이 제사장 신분을 가졌기에 그리스도 외에 어느 누구의 조력이나 후원 없이도 하나님 앞에 나아갈 수 있다는 말이, 모든 그리스도인은 자기가 자기 스스로를 가르쳐야 하고 아무 도움이나 지도력을 필요로 하지 않는다는 뜻은 아니다. 제발 오해하지 말라. 만인 제사장주의를 부르짖었던 개혁자들 자신이 뛰어난 선생이요 강력한 지도력을 지닌 교회 지도자들이었다.

33 교회 직분 잘 맡기

집사님 한 분이 세상을 떠나셨다. 그분은 의사로서 동네 사
람들에게도 존경받는 분이었다. 자연히 많은 사람들이 조
문을 오게 되었다. 그런데 상주 되는 아들이 목사님을 찾아
와 아버지의 교회 직분을 장로로 해줄 수 없겠는가를 물었
다. 돌아가신 아버지의 사회적 위치를 생각할 때 교회의 직분

이 서리집사라는 것이 잘 어울리지 않는다는 생각이 들었던 모양이다. 목사님에게 "경찰이나 군인이 공을 세우고 죽으면 일계급 특진과 같은 추서가 있는데 교회에는 그런 제도가 없느냐?"고 물었다고 한다.

교회의 직분을 계급으로 인식한 극단적인 예라고 할 수 있지만 사실은 대부분의 교인에게 그와 같은 인식이 있는 것이 사실이다. 물론 교회도 사람들이 모여 사는 곳이기 때문에 그런 인식이 생겨나는 것이 당연한 일이겠지만, 우리가 분명히 해두어야 할 것은 교회의 직분은 계급이 아니라는 사실이다. 교회의 직분은 철저히 봉사하기 위한 역할 분담이지 교인들의 신분을 나타내기 위한 것이 아니다. 그것을 오해할 때 교회 안에 심각한 문제가 생길 수 있다는 것을 우리는 알아야 한다. 실제로 우리 한국교회 안에는 교회의 직분을 계급과 명예로 알기 때문에 생겨나는 피해들이 이미 나타나기 시작했으며, 더 솔직히 말하자면 그 피해가 아주 심각한 상태라고 할 수 있다.

어떤 교회를 보면 명예권사라는 제도가 있다. 대개 70세가 넘어 서리집사로 은퇴하신 분들을 당회가 명예권사로 임명하여 교인들 사이에 권사로 부르도록 한 제도이다. 동안

교회에서 시무할 당시에도 명예권사님이 몇 분 계셨는데 내가 담임목사로 부임하기 전에 임명을 받으셨던 분들이었다. 담임목사로 부임한 이후에는 명예권사 임명을 하지 않았다. 교회의 직분에 명예를 붙인다는 것은 교회 직분의 본래 정신과 어긋나는 일이기 때문이다. 직분은 봉사하라고 맡기는 것이지 명예로 달아주는 계급장이 아니다.

어느 집단이든 모든 직분을 계급화하고 그것을 위하여 경쟁하게 할 때 생산력이 높아지고 또 집단이 잘 통솔되는 것을 알고 있다.

그러나 그렇다고 해서 그러한 원리를 교회에까지 적용하려는 것은 너무나 인간적인 발상이다. 바로 그와 같은 발상 때문에 교회가 점점 인간적인 집단으로 변모해가고 있다. 교회도 사람이 모인 곳이기 때문에 서로 경쟁을 붙여놓으면 좀 활발해지고 발전이 있는 것 같지만 그 활발함이 교회를 오히려 순수하지 못하게 만들고 있다.

교회는 순수한 믿음의 열정으로 인하여 활발해져야지 인간적인 술수와 방법으로 활발해져서는 안 된다는 사실을 우리는 알아야 한다.

앞에서도 잠깐 언급했지만 우리 한국교회 안에는 바로 이런 교회 직분에 대한 허영과 다툼 때문에 얼마나 많은 부작용이 일어나고 있는지 모른다. 교회의 중직자 선거 때만 되면 서로 그 직분을 받겠다고 세상 사람들 못지 않은 선거 운동이 교회 안에서 일어난다.

그와 같은 분위기에서 중직자 선거에 당선(?)되면 필요 이상으로 교만해져서 교회를 어지럽히는 사람이 되고, 낙선(?)하게 되면 믿음까지 낙선하여 아예 교회까지 떠나는 불상사가 일어나게 된다.

아무 일에든지 다툼이나 허영으로 하지 말고 오직 겸손한 마음으로 각각 자기보다 남을 낫게 여기고 각각 자기 일을 돌볼 뿐더러 또한 각각 다른 사람들의 일을 돌보아 나의 기쁨을 충만하게 하라 빌 2:3,4

사람이기 때문에 쉬운 일은 아니지만 교회의 직분을 맡을 때 그것을 명예와 계급으로 여기지 않고 봉사의 직분으로 알아 순수한 마음으로 봉사하는 사람이 되기 위해 힘쓰고 노력하고 기도하는 사람이 되기를 바란다.

✋ 신앙 기본으로 돌아가자

교회의 직분은 계급(rank)이나 지위(position)가 아니라 기능(function)이다. 아무리 중책을 맡고 있어도 '움직이고 생산하지' 않으면 아무것도 아니다. 교회 안에서 우리의 위치는 어떤 직임을 맡고 있느냐가 아니라 어떤 역할을 하고 있느냐에 달렸다. 움직여라. 생산하라. 몇 년 차 안수집사, 수석 장로, 당회장 목사가 중요한 게 아니다. 당신이 얼마나 많은 사람을 전도하고 있느냐, 제자로 양육하고 있느냐, 교회를 참 희망과 비전의 전당으로 만드는 데 기여하고 있느냐가 중요하다. 직책에 머무르지 말라.

34 월권행위 안 하기

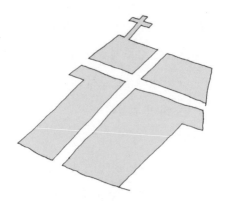

"절대권력은 절대 부패한다"는 말이 있다. 인간은 모두가 다 불완전하기 때문에 절대로 절대권력을 가져서는 안 된다. 모든 권력은 분산되어야 하며 서로 견제하고 조화를 이루어야만 한다. 그와 같은 정신에서 생겨나게 된 것이 바로 민주주의다. 민주주의의 핵심은 권력의 분산에 의한 견제와 협력이

다. 행정과 입법과 사법이 독립된 권한을 가지고 서로 견제하며 협력할 때 가장 모범적인 정치가 이루어지게 된다.

그러한 면에서 교회의 정치도 민주화되어야만 한다. 그런데 불행하게도 가장 비민주적인 집단이 바로 교회다. 교회가 이와 같은 점을 스스로 비판하고 시정하지 않는다면 점점 낙후하여 교회 정치의 후진성으로 말미암아 퇴보하는 우를 범하게 될 것이다. 사실은 그와 같은 우가 이미 한국교회에 나타난 지 오래다.

한국교회의 대부분은 장로제도를 채택하고 있다. 장로는 계급은 아니지만 교회의 어른으로서 교회와 교인들의 신앙생활을 감독하고 지도하기 위하여 뽑은 직분이요 성경이 권장하고 있는 제도이다.

어느 가정이나 어른이 있어야 반듯한 가정이 되고 어느 집단이나 그 집단을 감독하는 어른이 있어야 좋은 집단이 된다. 그것은 교회도 마찬가지다. 교회에도 어른이 있어야 하고 감독이 있어야만 한다. 그런 역할을 위하여 뽑는 직분이 바로 장로이며 그들의 모임을 당회라고 한다.

그러나 우리 한국교회의 장로와 당회는 대개 감독의 역할과 권위를 스스로 지켜내지 못하고 있다. 따라서 교회의 질서가 잘 유지되지 못하고 있다. 그것은 젊은 세대들이 어른의 권위를 인정하지 않으려는 잘못된 풍조에 휩싸여 있기 때문이기도 하지만 그것이 이유의 전부는 아니다.

한국교회의 장로와 당회가 감독의 권위와 권한을 잘 행사하지 못하게 된 가장 중요한 이유는 그들의 월권 때문이다. 당회는 교회의 중요한 원칙들을 결정하는 기관이다. 예산과 인사 그리고 교회의 중요한 사업과 행사를 결정하고 그에 따른 시행은 집사와 권사들에게 맡겨야 한다. 그리고 집사와 권사들이 당회가 결정해준 원칙대로 잘 시행했으면 칭찬해주고 잘못했으면 꾸중해야만 한다. 그러나 대부분의 교회에서 당회는 결정도 자신들이 하고, 시행도 자신들이 다 한다. 따라서 교회에 감독이 없어지고 말았다. 자신들이 한 일을 자신들이 감독한다는 것은 있을 수 없는 일이기 때문이다.

원칙을 결정하는 사람과 그 일을 시행하는 사람은 달라야 한다. 그래야만 민주적인 정치가 이루어질 수 있다. 그런데 한국교회 당회는 삼권을 다 장악하고 말았다. 권력을 가졌는지는 모르나 그로 인하여 진정한 권위를 잃어버리고 말았다. 행한 일에 대하여 칭찬과 책망을 해주는 어른이 있어야 하는데 어른이 젊은이들의 일까지 다 해버렸기 때문에 어른은 어른의 자리를 잃었고 젊은이는 젊은이의 자리를 잃었다.

독재의 장점이 있다. 일을 일사천리로 진행할 수 있다는 것이다. 한국교회는 당회의 독재 정치(?)로 어느 정도 발전하고 성공한 것이 사실이다. 그러나 거기에 속아서는 안 된다. 일의 처리가 빠른 것은 좋으나 많은 부작용이 있을 수 있고 교회의 많은 훌륭한 일꾼을 교회에 대하여 무관심하고 무능한 사람으로 만들어버리는 우를 범하기 때문이다. 결과적으로 교회는 잠시 성장하는 듯하다가 거의 구제불능의 정체와 침체로 빠지게 되고 말 것이다. 그런 현상이 이미 우리 한국교회에 나타나고 있다.

한국교회는 민주화되어야 한다. 당회는 자신들이 가지고 있는 권한을 분산시켜야 한다. 자신들이 결정한 일을 자신들이 시행하려고 해서는 안 된다. 그래야만 장로는 정말 성경이 말씀하는 바대로 감독이 되는 것이고 장로가 교회의 감독이 되어야만 건강한 교회가 세워질 수 있다.

감독이 선수도 하고 감독도 하는 팀은 절대로 게임에서 승리할 수 없다. 요즘 한국교회가 중요한 게임에서 패배하는 까닭 중의 하나는 한국교회의 당회가 선수와 감독을 겸하고 있기 때문이다. 쓸데없는 절대권력을 가지고 있기 때문이다.

따라서 오히려 당회가 부패하게 되었고 참된 의미의 감독으로서의 권위를 상실하고 말았다.

한국교회는 민주화되어야 한다. 한국교회의 민주화에 일익을 담당하는 사람이 될 수 있기를 기대한다.

👏 신앙 기본으로 돌아가자

교회는 근본적으로 신정주의이다. 세상 만인이 옳다 해도 하나님이 그르다 하시면 그만이다. 반대로 만인이 그르다 해도 하나님이 옳다 하시면 옳은 것이다. 다시 말해서 진리는 다수결이 아니라는 것이다. 하지만 신정주의가 목사 일인정치, 혹은 당회 대리정치를 의미하지는 않는다. 아무리 걸출한 지도력을 겸비했다 하더라도 목사 한 사람이 교회의 운명과 성격, 장래를 독단적으로 결정하는 것은 옳지 않다. 한편 교회의 원리 문제는 접어둔 채 예산 집행에나 시시콜콜 관여하는 당회 역시 옳지 못하다.

35 작은 일에 충성

"남들은 선교사도 나가고 수천 수만 명을 울리는 설교자도 되는데 난 이게 뭐야?"

일을 해보면 생색이 나는 일이 있고 아무리 해도 생색이 잘 나지 않는 일이 있다. 사람은 누구를 막론하고 생색이 나는 일에는 열심이지만 별로 생색이 나지 않는 일에는 열심을 내기가 어렵다.

일을 하다 보면 내가 없으면 안 되는 아주 중요한 일이 있는가 하면 내가 없어도 큰 지장이 없는 별로 중요하지 않은 일도 있다. 내가 없으면 안 되는 중요한 일은 힘들어도 보람이 있어서 열심히 하기가 쉽지만, 내가 없어도 되는 중요하지 않은 일은 아무래도 일의 보람이 별로 없어서 열심히 하기가 쉽지 않다.

당회원으로서 당회에 참석하는 일은 생색도 나고 보람도 있다. 그것은 정말 중요한 일이고 내가 참석하지 않으면 당장 그만큼 표가 나고 자리가 나는 일이기 때문이다. 따라서 개인적으로 힘들고 부담이 되어도 당회에 참석하는 일은 빠지기가 쉽지 않다.

그러나 제직회원으로서 제직회에 참석하는 일은 그렇지 않다. 내가 없다고 해서 별로 큰 지장이 없다. 제직회에 참석해서 기껏 하는 일이라는 것이 "가(可)하시면 '예' 하세요" 할 때 '예' 소리 몇 번 하면 된다. 물론 한국교회의 제직회가 그냥 '예' 소리 몇 마디 하는 모임이 된 것은 바람직하지도 옳지도 않다. 그것은 개선되어야 한다. 그렇게 적당히 대충대충 일하는 것을 은혜롭다고 착각하는 것도 바꾸어야만 한다. 한국교회는 제직회원들에게 교회를 섬기는 보람을 주기 위하여 연구하고 노력해야 한다.

그러나 우리 한국교회가 그런 면에서 많이 발전하고 개선된다고 하여도 수많은 제직회원이 제직회에 참여했을 때 보람을 안겨줄 만큼 되지는 않을 것이다. 아무리 개선된다 해도 당회는 빠지면 안 되는 모임으로, 제직회는 나 하나쯤 빠져도 큰 탈이 없는 모임으로 남을 것이다.

목회하면서 참으로 귀하게 여겨지는 분들이 있다. 교회의 중직을 맡아 참으로 교회의 일을 자기의 일보다 더 중히 여기며 헌신하는 당회원들과 중직자들이 바로 그런 분들이다. 그러나 그에 못지않게 중요하게 여겨지는 분들이 있다. 아직도 "가(可)하시면 '예' 하세요" 할 때 그저 기계적으로 '예'만 몇 번 하는 제직회에도 한 번도 빠지지 않고 참여하는 일반 제직들이 바로 그들이다.

당시 동안교회에도 천 명이 넘는 제직이 있었지만 정작 제직회에 참석하는 숫자는 겨우 백 명이 될까 말까였다. 물론 백 명이 모여도 얼마든지 제직회를 열어 교회의 일을 처리할 수 있다. 어떤 면에서 일사천리로 일을 끝낼 수 있어서 더 좋을지도 모른다.

그러나 그렇지 않다. 교회는 9백여 명의 무관심을 대수롭지 않게 생각하면 안 된다. 그것이 교회를 점점 무력한 교회로 만들어가고 있기 때문이다.

그때 나는 천 명 제직 중 500명만이라도 참석하여 제직회를 할 수 있다면 지금보다 훨씬 더 건강하고 아름다운 교회가 될 것이라고 생각했다. 당회는 보통 80퍼센트 이상의 출석률을 보이는데 제직회는 언제나 10퍼센트 미만의 출석률을 보이고 있는 것이 교회의 현실이다.

제직회 출석률이 50퍼센트만이라도 된다면 그것은 아주 훌륭한 교회이다. 한국교회는 보다 건강하고 좋은 교회가 되기 위하여 제직회 출석률을 높이는 데 목표를 두어야 한다. 제직들이 제직회에 참석하는 일을 의미 있게 하기 위하여 제직회의 업무를 재고하는 일도 중요하고, 작은 일에도 충성하는 것이 교회를 건강하게 만드는 일인 줄 알고 열심히 제직회에 참석하는 제직들이 되는 것도 중요하다.

큰 일도 중요하지만 작은 일도 중요하다는 것을 알아야 한다. 하나님께서는 작은 일에 충성하는 자를 기뻐하신다. 하나님께서는 작은 일에 충성하는 자를 착하고 충성된 종이라고 칭찬하신다. 빠져도 큰 탈 없는 제직회에도 열심히 출석하는 제직들이 될 수 있기를 바란다.

✋ 신앙 기본으로 돌아가자

성경에 이름이 기록되지 않았지만 위대한 일을 한 사람들이 있다. 바로 다윗의 병기를 잡은 군인, 성전의 벽돌을 구운 기술자, 아브라함과 함께 롯 구출 전쟁에 나선 318인의 특공대, 엘리야 선지 학교에서 공부하던 예비 선지자들, 예수님의 예루살렘 입성 당시 나귀를 빌려드린 나귀 주인과 호산나 찬송을 부른 성가대, 예수님께 마지막 유월절 장소를 빌려드린 집주인, 골고다 언덕을 오르시는 주님을 위해 눈물 흘린 여인들이다. 그들이 있었기에 나머지 위인들이 비로소 영웅일 수 있었다. 작은 일에 최선을 다하라!

36 적극적인 교회생활

"교회에서 설쳐대는 사람들 정말 싫어요. 괜히 싱글벙글 웃으며 아무에게나 친절한 척하는 게 모범적인 교회 생활인가요?"

아예
교회 옆으로
이사왔지요 ~~.

처음 담임목회를 할 때 30대쯤 되어보이는 주부 하나가 교회에 등록하고 신앙생활을 시작했다. 풍기는 외모부터가 전형적인 인텔리였기 때문에 오히려 신앙생활을 잘 할 수 있을까 의구심이 날 정도였다. 꼭 집어서 이야기할 수는 없지만 하여튼 쉽게 예수를 믿기 어려워 보이는 그런 느낌의 사람이었다.

그런데 참으로 놀랍게도 그가 아주 빠른 속도로 교회생활에 적응하고 신앙도 예수님 말씀처럼 먼저 믿은 사람이 부끄럽게 아주 예쁘게 자라갔다. 그가 그렇게 된 데에는 여러 이유가 있었지만 가장 중요한 원인은 그가 속한 구역의 구역장과 구역 식구들이 아주 좋은 분들이었다는 데에 있었다.

사업에 어려움을 겪으면서 교회생활을 시작한 그를 구역장과 구역 식구들이 따뜻이 맞아주었다. 자연스럽게 그는 구역 활동에 참여하게 되었고 구역장과 구역 식구들의 사랑을 받으면서 세상에서 맛보지 못했던 교회의 참맛을 보기 시작한 것이었다.

교회생활은 모든 것이 다 서툴렀지만 금방 익숙해지기 시작했다. 왜냐하면 구역장과 구역 식구들이 하는 그대로 따라했기 때문이었다. 구역장이나 구역 식구들과 정이 들다 보니 저들에 대한 믿음이 생겼고 그 믿음 때문에 구역장과 구역 식구들이 하는 모든 일에 대하여 거부감이나 반감이 생기지 않았던 것이다.

모든 예배에 열심히 출석하는 것은 물론이고 교회 봉사와 십일조 생활까지도 저들과 똑같이 하여 몇 달이 안 가서 그는 정말 평생 동안 예수를 믿는 사람보다도 더 열심히 교회를 섬기는 좋은 일꾼이 되었다. 나는 그것을 보면서 구역예배와 같은 교회활동이 교회생활과 신앙생활에서 얼마나 중요한 것인가를 새삼 깨닫게 되었다.

단언하건대 주일예배만 출석하는 교인이 되어서는 절대로 좋은 교인이 될 수 없다. 건강한 교인이 되고 훌륭한 신앙생활을 하기 원한다면 반드시 교회생활에 적극 참여해야만 한다. 교회의 직분을 맡아 열심히 봉사하는 것도 한 가지 방법이고 구역예배에 열심히 참여하는 것도 매우 좋은 방법이다. 그리고 남녀 선교회나 청년회에 가입하여 활동하는 것도 빼놓을 수 없다.

물론 교회활동을 하다 보면 상처도 받을 수 있고 때로는 부담이 되기도 하지만 그런 상처와 부담은 교회활동이 우리에게 주는 신앙적인 유익과는 비교할 수 없다. 인간은 사회적인 동물이다. 그러므로 바른 신앙생활을 하려면 교회라는 사회와 그 사회에서의 활동을 가볍게 여겨서는 안 된다.

잠언 14장 4절에 "소가 없으면 구유는 깨끗하려니와 소의 힘으로 얻는 것이 많으니라"라는 말씀이 있다. 교회활동을 하지 않으면 부담도 없고 상처도 없어서 깨끗할는지는 몰라도 그 부담스러워 보이는 교회활동을 통하여 얻는 유익이 더 많다는 사실을 잊어서는 안 될 것이다.

　깨끗한 구유 때문에 손해 보는 똑똑한 바보들이 교회 안에 얼마나 많은지 모른다. 적극적이고도 열심 있는 교회활동을 권한다.

🖐 신앙 기본으로 돌아가자

하나님께서는 뜨뜻미지근한 신자들을 제일 싫어하신다. 하나님이 뜨거운 신자를 기뻐하신다는 말은, 그러나 무조건 일을 많이 벌이는 사람을 좋아하신다는 뜻이 아니다. 주님의 일을 빙자하여 종교적인 허영심을 채우는 사람도 얼마든지 있다. 자기의 열심으로 하나님의 의를 가리고 막는 사람도 있다. 하지만 언제나 첫사랑의 마음을 유지하고 하나님이 벌이실 놀라운 일들을 중심으로 대망하는 사람은 비실비실 교회 뒷자리나 채웠다 가는 사람이 아님은 분명하다. 이왕 믿는 김에 뜨겁게 믿자!

37 가정생활

"하루에도 몇 번씩 목을 만져봐요.
이런 세상에서 돈이 있고 직장이 있어야 가정생활도 있는 것 아닙니까?"

목회자인 내게 생명보다 더 귀한 것이 있다면 그것은 목회라
고 할 수 있다. 나에게 목회가 없다면 그것은 죽은 목숨이나
진배없다. 그러나 나에게 그 목회보다 더 귀한 것이 있다. 그
것은 '가정'이다. 어떤 사람은 목사가 이렇게 이야기하는 것
을 잘 이해하지 못할 것이다. 소명감이 부족한 삯꾼 목사 정

도로 치부할는지도 모른다. 나도 처음에는 이 사실을 인정하기가 어려웠다. 그러나 다음과 같은 경험을 통하여 사실을 인정할 수밖에 없었다.

신학교를 졸업하고 은퇴할 때까지 40여 년을 목회했다. 신학교 졸업반 때 결혼을 했으니 가정생활도 40년 정도 한 셈이다. 그동안 가정생활과 목회생활을 해오면서 많은 어려움이 있었다. 어느 때는 가정생활에 문제가 있었고 어느 때는 목회생활에 문제가 있었다. 둘 다 말로 표현하기 어려운 고통을 준 것이 사실이다. 그럼에도 불구하고 둘 사이에는 다음과 같은 분명한 차이가 있었다.

목회생활에는 문제가 없었는데 가정생활에 문제가 생기는 때가 있었다. 나는 무녀독남 외아들이었고 아버지가 결혼 전에 돌아가셨기 때문에 홀어머니를 모시고 있었다. 결혼 후 10년 동안 만만치 않은(?) 결혼생활을 해야만 했고 10년이 다 되었을 때쯤에는 참으로 감당하기가 어려우리만큼 가정에 생기는 문제가 컸다. 그때 나는 가정도 가정이지만 목회를 할 수 없다는 생각이 들었다. 그래서 목회를 포기하기로 생각하고 교회에 사표를 냈었다.

목회생활에는 별로 문제가 없었다. 인간적으로 이야기하

면 탄탄대로였다. 서른세 살에 그래도 서울에 자리 잡힌 교회의 담임목사가 되고, 부임한 이후 교회는 계속 성장하여 제법 성공적인 목회를 하고 있는 중이었다. 그런데 가정이 흔들리니 도저히 목회를 계속할 수 없었다. 목회를 할 수 없다고 생각하니 참으로 살기도 싫었다. 자살이 죄가 되는 줄은 알아서 죽지도 못하니 그리고 사는 것이 얼마나 힘들고 고통스러웠는지 말로는 다 표현할 수가 없다.

사춘기 때에도 가출한 적이 없었던 사람이 목사가 된 후에 교회에 사표를 내고 가출을 했다. 온다 간다 말도 없이 집을 떠나 여러 날 방황했다. 그런데 그것이 어떤 면에서 극약처방이 되어 가정의 문제가 가닥을 잡게 되었고, 가정의 문제가 어느 정도 해결되니 목회의 문제도 자연스럽게 해결되었다. 모든 문제를 단번에 풀 수 있었다.

반대로 가정생활에는 문제가 없었는데 목회생활에 문제가 있는 때가 있었다. 부끄러운 이야기지만 목회가 너무 힘들어서 목회를 그만두고 싶던 때도 있었다. 아이들에게까지도 그런 사실을 이야기하고 여러 주일 강단을 비우고 교회에 나가지 않은 적도 있었다. 그때도 참으로 힘들고 어려웠다. 그런데 그때 가족이 참으로 큰 힘이 되어주었다. 아내의 위로는 말할 것도 없고 아이들의 위로가 참으로 큰 힘이 되었다. 결론적으로 이야기하면 그 힘으로 말미암아 교회와 목회의 어려움을 잘 극복하고 다시 회복할 수 있었다.

이러한 경험을 통하여 가정이 얼마나 중요한가를 깨닫게 되었다. 가정이 흔들리면 안정되었던 목회도 덩달아 흔들렸고, 가정이 안정되면 흔들리던 목회도 안정되었다. 나는 그 경험을 통하여 다음과 같은 결론을 얻게 되었다.

삶의 보람을 느끼며 참으로 행복한 삶을 살려면 목회생활을 열심히 잘해야 한다. 그러나 목회생활을 그렇게 하려면 먼저 가정생활을 열심히 잘해야 한다.

우리에게는 그동안 가정과 가족을 중히 여기는 사람을 팔불출이라고 하여 못난이로 취급하는 풍조가 있었다. 그러나 그것은 옳은 일도 아니요 바람직한 일도 아니다. 가정이 안정되어야 모든 것이 안정된다. '수신제가치국평천하'(修身齊家治國平天下)라는 옛말도 있지 않은가?

가정생활의 중요성을 인식하고 가정생활을 충실히 하는 사람이 되기를 바란다.

👏 신앙 기본으로 돌아가자

고도 산업사회가 되면서 가정의 위치와 소중함이 점점 흔들리고 있다. 가정을 일을 하기 위한, 자아실현을 위한 휴게소요 중간 단계 쯤으로 여기는 풍조가 만연하고 있다. 그러나 가정은 수단이 아니라 그 자체가 목적이다. 가정을 밥하고 빨래해주는 곳, 잠자고 씻는 곳으로 생각하지 말라. 가정의 진정한 가치는 돈을 주고 살 수 없는 높은 가치들(사랑, 인내, 양보, 관용)을 배우고 훈련하는 원천적인 장이라는 데 있다. 당신의 가정은 얼마나 화목한가?

38 가정을 지키라

"이혼하지 말라 하셨다니까 이혼은 안 합니다.
이만하면 가정을 잘 지키는 거지요."

우리 교단에서는 1955년에 여성 안수를 결의하고 여성 장로
와 목사를 배출하기 시작했다. 물론 그 일에 대하여 부정적
인 시각을 가지고 반대하는 분들이 아직도 있는 줄을 알지만
내 개인적으로는 우리 교단이 여성 안수를 결의하고 실시하
게 된 것에 대하여 자랑스럽게 생각한다. 나는 그것이 옳다

고 생각한다. 나는 남자와 여자가 다 주 안에 하나라는 말씀을 믿는다.

그동안 우리는 여성에 대하여 너무나 심한 편견을 가지고 살아왔고 아직까지도 남녀평등은 완전하게 이루어지지 않았다. 따라서 보다 온전한 남녀평등을 이루기 위하여 남녀 모두 노력해야 할 것이다.

그러나 그동안 남녀평등을 이루기 위한 노력 중 잘못된 일이 하나 있다. 그것은 지위와 역할의 혼동이다. 지금은 많이 나아졌지만 그래도 우리는 과거에 역할이 지위를 결정하는 문화 속에서 살아왔다. 우리에게는 사농공상이라는 인도의 카스트 제도와 비슷한 문화가 있었는데 사람이 감당해야 하는 일 즉 역할이 지위를 결정하는 사회였던 것이다. 그와 같은 사회와 문화에서 지위를 바꾸기 위해서는 반드시 역할을 바꾸어야만 했다. 역할을 바꾸지 않고는 신분과 지위를 바꿀 수 없었던 것이다.

하나님은 모든 사람에게 각자 은사와 달란트를 주셨다. 그것은 각기 다르다. 사람들은 그 은사에 따라 이 일을 하기도 하고 저 일을 하기도 한다. 사람들이 보기에 이 일은 더 귀해 보이고 저 일은 그보다 못해 보일 수 있지만 하나님께서 보시기에 모두가 다 평등한 일이다. 그러므로 은사와 달란트를 가지고 사람의 귀천과 우열을 나눈다는 것은 성경적으로 볼 때 옳지 않다.

하나님은 각 사람에게 은사와 달란트를 주시어 그의 일과 역할을 구별하셨다. 그것은 차별과 다른 것이다. 하나님은 마찬가지로 남자와 여자에게 각기 다른 은사와 달란트를 주셔서 그의 일과 역할을 구별하셨다고 생각한다. 그래서 나는 남자의 일이 있고 여자의 일이 있다고 생각한다. 사람들은 "그렇게 생각하는 것이 바로 남녀를 차별하는 것"이라고 이야기하지만, 나는 구별과 차별은 혼동되어서는 안 된다고 본다. 남녀를 구별하자는 것과 남녀를 차별하는 것은 엄연히 다르기 때문이다.

내 생각에 남녀 불평등론자들의 문제는 남녀를 차별하려고 한다는 데 있는 것 같다. 그러나 남녀 평등론자들에게도 문제가 있다.

저들의 문제는 구별과 차별을 인식하지 못하고, 남녀의 역할 구별을 남녀 차별로 여기고 구별과 차별을 인정하려고 하지 않는다는 것이다.

남녀를 차별하는 것도 문제이지만, 사실은 남녀를 구별하지 않으려고 하는 것도 심각한 문제를 일으킨다는 점을 우리는 알아야 한다.

남녀가 결혼하여 가정을 이루게 될 때 건강하고 아름다운 가정을 이루기 위하여 반드시 있어야 할 두 가지 중요한 역할이 있다. 그것을 간단히 이야기하면 밖의 역할과 안의 역할이라고 할 수 있다. 아름답고 훌륭하며 건강한 가정을 이루려면 이 두 가지 역할이 서로 잘 조화를 이루어야만 한다.

안의 역할은 잘 감당하는데 밖의 역할을 잘 감당하지 못한다면 그 가정은 경제적으로나 사회적으로 큰 문제가 일어나 건강하고 튼튼한 가정이 되기가 어려울 것이다. 반대로 밖의 역할은 잘 감당하는데 안의 역할이 취약하다면 경제적으로나 사회적으로는 문제가 없으나 가정적으로 문제가 일어나 가정의 건강을 유지하기가 어려워질 것이다. 특히 자녀의 문제가 심각해질 가능성이 많다.

하나님이 역사하시는 방법을 가만히 고찰해보면 하나님은 남자와 여자에게 똑같은 역할을 맡기시어 둘 다에게 안의 역할과 밖의 역할을 감당하게 하시지는 않는다는 것을 알 수 있다.

하나님은 틀림없이 어떤 사람에게는 안의 역할을 은사와

달란트로 맡기시어 전문가가 되게 하시고, 또 어떤 사람에게는 밖의 역할을 은사와 달란트로 맡기시어 그 방면에 전문가가 되게 하실 것이다. 그리고 이 두 전문가가 서로 힘을 합하여 완벽하고 아름다운 가정을 이루게 하실 것이다.

하나님은 보편적으로 생각할 때 남자에게는 밖의 일을 돌보는 은사와 달란트를 주셔서 그 일을 잘 감당하게 하셨고, 여자에게는 안의 일을 돌보는 은사와 달란트를 주셔서 그 일을 잘 감당할 수 있도록 하셨다.

그런데 사람들은 밖의 일은 우월하고 의미 있는 일이고 안의 일은 밖의 일에 비하여 열등하고 의미가 적은 일이라고 생각하는 경향이 있다. 남녀가 불평등하게 된 가장 중요한 이유가 바로 그와 같은 역할 분담 때문이라고 생각한다. 그래서 남녀가 평등해지기 위하여 가장 중요한 것은 여성의 사회 진출이라고 생각한다. 그래서 많은 여성이 가정을 두고 사회로, 세상으로 나오고 있다. 그 결과 한쪽 역할이 편중되어 사회와 가정이 병들어가기 시작했다. 이는 옳은 생각이 아니다.

물론 여성 중에도 사회적인 은사와 능력이 뛰어나 가정보다는 사회에 더 적성이 맞는 사람도 있고 또 사회를 위하여 여성들이 맡아서 감당해야 할 일이 없는 것은 아니다. 그러나 나는 여기서 보편적인 이야기를 하고 있다.

가정의 일을 잘 맡아서 경영해나간다는 것은 세상에서 그어떤 일을 하는 것 못지 않게 중요한 일이다. 어떤 의미에서 그것은 큰 회사를 경영해나가는 것보다 더 힘들고 어렵고 중요한 일인지 모른다.

그런데 많은 사람들은 가정에서 살림을 하고 아이를 양육하는 것이 열등하고 무의미한 역할이라고 하는 잘못된 편견에 사로잡혀 있다. 그래서 너무나 많은 사람들이 가정생활을 포기하고 있다. 그와 같은 생각을 하는 사람은 여자 중에도 많지만 남자 중에도 많다.

여자들은 남녀평등을 위하여 가정을 뛰쳐나오고(?) 남자들은 맞벌이를 통한 경제적인 안정을 위하여 할 수만 있으면 여성으로 하여금 가정을 뛰쳐나가도록 유도한다. 그러나 경제적인 안정으로 가정이 안정되는 것은 아니다. 보다 소중한 것을 놓치는 가정이 얼마나 많은지 모른다.

판단과 결정은 본인들이 할 것이지만 다음 몇 가지를 다시 한번 곰곰이 생각해볼 수 있기를 바란다.

첫째, 건강한 가정을 이루기 위해서는 안의 역할과 밖의 역할이 서로 잘 조화되어야 한다.

둘째, 하나님은 보통 한 사람에게 여러 역할을 동시에 맡기지 아니하시고 어떤 사람에게는 이 은사를 주시어 이 일과 역할을 맡게 하시고 어떤 사람에게는 저 은사를 주시어 저 일과 저 역할을 감당하게 하신다.

셋째, 안의 일과 역할이 밖의 일과 역할보다 열등하고 무의미한 역할이라고 생각하는 것은 옳지 않으며 매우 위험한 생각이다.

가정생활이 사회생활보다 무의미하고 열등한 것이라는 잘못된 착각과 편견 때문에 많은 사람들이 가정생활을 소홀히 하고 있다. 그로 인하여 가정과 사회에 많은 문제가 생겨나고 있다.

가정을 소중히 여길 줄 알아야 한다. 가정을 지켜야 한다. 가정을 돌보는 은사를 받은 사람들이 그 은사를 저버리지 말고 잘 감당해주어야 한다.

👏 신앙 기본으로 돌아가자

욥을 기억하는가? 그는 자녀들이 잔치를 베푼 다음 날이면 꼭 제사를 드렸다. 오늘날로 말해서 재벌 2세에 해당하는 그의 자녀들이 혹 범죄했을까 두려워하는 마음에서였다. 반면 엘리를 기억하는가? 그는 평생 제사장으로 살았지만 성막에서 온갖 패악을 저지르는 자녀들을 훈육하지 못한 죄로 아들들도 잃고 자기도 목숨을 잃었다. 특히 남편들이 중요하다. 돈 버는 일보다, 승진보다, 출세보다 영적인 제사장이 돼서 가정을 위해 중보하는 일이 더 중요하다. 이 일을 게을리하고 있다면, 당신은 빵점 남편이요 아빠다!

39 가정생활 훈련

"집에까지 들어와서 훈련이라뇨. 나도 집에서는 좀 쉬고 싶어요. 그럴 권리가 없다는 건가요?"

고양이가 쥐를 잡는 것은 본능에 의한 것일까, 아니면 교육과 훈련에 의한 것일까? 많은 사람들은 고양이가 쥐를 잡는 것을 본능에 의한 것이라고 알고 있지만 사실은 그렇지 않다. 고양이가 쥐를 잡는 것은 그 어미의 훈련과 교육을 통해서만 가능하다.

어려서 고양이를 기른 적이 있었다. 그 고양이는 새끼 세 마리를 낳고, 쥐약 먹은 쥐를 잘못 잡아먹고 죽었다. 아직 눈도 뜨지 못한 새끼 세 마리를 티스푼으로 우유를 떠 먹여서 살려냈다. 그중 두 마리는 친척에게 주고 한 마리를 키웠는데 아주 건강하게 잘 자라주었다. 그런데 이상한 일은 이 고양이가 쥐를 잡지 못한다는 것이다.

어느 날 아버지가 쥐를 한 마리 산 채로 잡아서 끈으로 묶은 후 우리 고양이에게 던져주었다. 그러자 고양이는 놀라서 도망가버리고 말았다. 나는 이 일을 통하여 고양이가 쥐를 잡는 것이 본능이 아니라는 사실을 알게 되었다. 고양이는 쥐를 잡으면 반드시 새끼들 앞에서 그 쥐를 잡는 법과 다루는 법을 가르쳐준다. 그렇게 어미로부터 교육과 훈련을 받은 고양이만이 나중에 스스로 쥐를 잡을 수 있게 된다.

사람이 결혼하여 가정을 꾸민 후 행복하게 사는 것은 본능에 의한 것이겠는가, 아니면 철저한 연구와 훈련을 통해서이겠는가? 많은 사람들이 그저 사랑하는 사람과 결혼하기만 하면 무조건 행복해지는 줄로 잘못 알고 있다. 그러나 사실은 그렇지 않다. 아무리 연애를 하면서 사랑했다고 하여도 행복한 결혼생활과 가정생활에 대한 연구와 훈련이 없다면 그것을 이루기는 절대로 쉽지 않다는 것을 우리는 알아야 한다.

결혼을 앞두고 결혼과 가정에 대한 세미나에 참여하든가 아니면 최소한 책 몇 권을 택하여 읽고 공부하여야 한다. 서로가 책을 읽고 자신의 생각을 교환하여야 하며 결혼 후 어떻게 살 것인가에 대하여 계획표도 만들어보아야 한다.

아이를 낳아 기를 때에도 자녀교육을 위하여 철저한 공부가 있어야 한다. 아이 이쁜 줄만 알고 아이를 바르게 기르기 위하여 공부해야 한다는 것을 모르는 부모가 뜻밖에도 얼마나 많은지 모른다. 아이가 자랄 때 아이의 연령에 맞는 책을 택하여 최소한 몇 권 정도는 읽도록 해야 한다. 아무런 생각 없이 키우다가 시행착오를 하는 부모가 많은데, 자녀교육에 대한 시행착오처럼 뼈아픈 시행착오는 아마 세상에 없을 것이다. 자녀교육을 위한 공부를 한다고 해도 시행착오가 전혀 없을 수는 없겠지만, 상당히 많은 시행착오를 사전에 예방할 수 있게 될 것이다.

요즘은 가정생활에 대한 책들이 꽤 많이 나와 있다. 그리고 각 교회나 전문 가정사역 연구소에서 시행하는 가정생활 프로그램들도 많다. 우리 교회만 해도 예비부부교실, 부부교실, 임산부교실, 육아교실, 부자교실, 고부교실 등등 많은 가정생활 프로그램이 있다.

아무리 바빠도 그와 같은 프로그램에는 빠지지 않는 것이 좋다. 행복하고 건강한 가정생활을 위하여 성실하게 공부하고 훈련받는 사람이 될 것을 진심으로 권면하고 싶다.

> ## 🖐 신앙 기본으로 돌아가자
>
> 미국 부모가 자녀에게 가장 많이 하는 말은? – "나눠라."
> 일본 부모가 자녀에게 가장 많이 하는 말은? – "폐를 끼치지 말아라."
> 한국 부모가 자녀에게 가장 많이 하는 말은? – "기죽지 마, 네가 어디가 못났니!"
> 크리스천인 당신이 자녀에게 가장 많이 하는 말은? – ???
> 가정은 신앙과 인격 훈련의 기초체력 훈련장이다.

40 가정예배

"서로 너무나 잘 아는 식구끼리 마주 앉아 예배라뇨. 이거 영 쑥스러워서…."

흔히들 "교회는 가정 같은 교회가 좋은 교회이고 가정은 교회 같은 가정이 좋은 가정이다"라는 말을 하곤 한다. 맞는 말이다. 최고의 가정을 만들려면 가정을 교회로 만들면 된다. 가정을 교회로 만드는 것은 참으로 중요한 일이다.

자칫 잘못하면 가정에서 식구들과 생활하면서 한 주일 동안 '하나님' 소리 한 번도 하지 않고 보내기가 얼마나 쉬운지 모르기 때문이다. 한 주일이 아니라 잘못하면 평생을 사는 동안 가정에서 하나님에 대한 말 한 마디 하지 않고 살 수도 있다.

그것은 얼마나 끔찍한 일인지 모른다. 진정한 의미의 신앙생활은 교회가 아니라 가정에서 이루어져야만 한다. 하나님은 우리의 가정이 하나님께 예배드리는 제단이 되기를 원하고 계신다.

결혼 주례를 할 때마다 신랑과 신부에게 "오늘 첫날부터 가정예배를 드리라"고 권면한다. 결혼식 때 부른 찬송을 골라 함께 부르고 결혼식 때 읽은 성경 말씀을 둘이서 함께 읽고 손을 맞잡고 기도를 한다면 얼마나 훌륭하고 근사한 결혼 첫날이 되겠는가?

자녀를 낳았을 때 제일 먼저 해야 할 일은 아이의 머리에 손을 얹고 부부가 함께 기도하는 일이다. 그리고 날마다 아이가 잠들 때 기도하여 재울 수 있도록 힘써야 한다. 아이와 식구들이 가정에서 기도하고 찬송하는 것이 자연스럽도록 노력해야 한다.

가정예배를 드릴 때 사람들이 제일 부담스러워하는 것 중의 하나는 설교이다. 사람들은 예배에는 반드시 설교가 있어야만 한다고 생각한다.

그러나 그렇지 않다. 가정예배 때 설교를 할 수 있다면 좋은 일이지만 설교가 없어도 전혀 문제될 것이 없다. 가족들이 함께 모여서 찬송을 부르고 성경을 몇 절씩 읽고 기도한 후 주기도문으로 마쳐도 훌륭한 가정예배가 될 것이다.

함께 찬송하고 함께 성경 읽고 함께 기도하는 것만으로도 얼마든지 성령의 역사를 체험할 수 있다.

가정에서 찬송 소리와 기도 소리가 나게 하는 것은 건강하고 아름다운 가정생활을 위하여 얼마나 중요한 일인지 모른다. 가정에서 찬송 소리와 기도 소리 그리고 성경을 읽는 소리가 그치지 않도록 늘 가정예배를 드리는 여러분이 되기를 진심으로 기원한다.

👏 신앙 기본으로 돌아가자

가정은 작은 교회다. 가정에서 하나님을 경외하고 예배하는 습관이 붙지 않은 사람이, 아니 가정에서는 하나님을 까맣게 잊고 그저 세상 사람들 사는 것처럼 살다가 주일에 한 번 교회 가서 거룩한 체하려다 보니 위선이 나오고 헛기침이 나오고 모양뿐인 경건의 밑천이 드러나고 마는 것이다. 당신이 교회에서 아무리 감동적인 메시지를 전하고 눈물을 흘리게 하는 공(公)기도를 드린다 해도 자녀들에게 예배의 가치와 감격을 가정에서 만들어주지 못하면 말짱 헛일이다.

41 추억 만들기

"추억은커녕 현실 추스르기도 힘든데,
시간 남고 돈 넘치는 사람들 배부른 소리 아닌가요?"

조금씩 나이가 들어가면서 어렸을 때의 추억이 얼마나 소중
한 삶의 자산인가를 느끼게 된다. 어렸을 때 동네 뒷산 언덕
에서 대나무 스키를 타던 일, 꽁꽁 언 논바닥에서 하루종일
철사줄로 만든 썰매를 타고 바람 부는 언덕에서 연을 날리던
일들은 생각만 해도 마음이 푸근해지는 보물과 같은 나의 추

억이다.

그런 아름다운 추억이 많으면 많을수록 인생은 풍성하고 건강해지는 것이 아닐까? 그 소중한 추억 가운데에 가족과 함께했던 추억이 있다면 그것은 정말 소중한 생의 자산 중의 자산이라고 할 수 있을 것이다.

내가 살았던 세월만 해도 밥 먹고 살기가 바빴던 세월이었기 때문에 가족들과 추억거리를 만든다는 것은 사치스러운 일이었다. 그래서 가족과 함께했던 즐거운 추억은 그다지 많지 않다. 그것이 오늘날 우리의 삶을 메마르고 초라하며 외롭게 하는 중요한 이유 중의 하나일 것이다. 건강하고 풍성한 아름다운 삶을 위하여 가족들과 함께했던 즐거운 추억을 많이 만들어두는 것이 무엇보다 중요하다.

가족과 함께하는 좋은 추억을 위하여 다음과 같은 것들을 생각할 수 있다.

첫째, 가정예배이다.

가족과 함께 모여서 찬송하고 말씀을 읽고 기도하면서 드린 가정예배는 가장 좋은 추억 중의 추억이 될 것이다.

둘째, 휴가와 여행이다.

아이들이 어렸을 때 함께한 휴가와 여행은 평생 잊을 수 없는 좋은 추억이다. 시간적으로나 금전적으로 상당한 부담이 되긴 하지만 가족과 함께하는 휴가와 여행은 절대로 사치와 낭비가 아니다. 다른 것을 절약하고 아껴서라도 가능한 한 가족들과 함께 여행할 수 있는 기회들을 늘려가는 것이 바람직하다.

셋째, 놀이이다.

어른들은 아이들과 노는 것을 별로 좋아하지 않지만 어린 아이들은 어른들과 함께 노는 것을 아주 좋아한다. 사춘기가 지나면 그렇지 않지만 말이다. 아이들이 어른들과 놀고 싶어할 때 놀아주는 것은 매우 좋은 투자가 될 것이다. 윷놀이, 카드 게임, 볼링, 야구, 자전거 타기 등등 할 수 있는 대로 아이들과 많이 놀아주는 것이 좋다. 그것이 훗날 아이들에게는 모두 좋은 추억이 될 것이기 때문이다.

넷째, 명절과 기념일을 뜻있게 보내는 것이다.

명절이나 기념일을 명절이나 기념일답게 지키는 것도 삶을 풍성하게 하는 비법 중의 하나이다.

예를 들면 동짓날엔 팥죽을 쑤고 새알심을 넣어 먹는다든지, 정월 대보름날에 뒷동산에 나가 아이들과 함께 쥐불놀이를 한다든지, 아니면 호두와 땅콩 그리고 잣을 까먹으면서

잣불놀이를 한다든지 하는 것도 좋은 추억이 되어 힘들고 어렵고 외로운 일들을 만날 때 능히 그것을 이겨낼 수 있는 힘이 될 것이다.

가족들의 생일을 그냥 넘겨 보내지 않고 꼭 모여서 케이크 하나라도 자르고 촛불을 끄는 일도 중요하며, 설날이나 추석 때 고향에 있는 가족을 찾아 열 시간, 스무 시간씩 고생하며 다녀오는 것도 생을 풍성하게 하는 좋은 추억들이 될 것이다.

어렸을 때 아름다운 추억이 많은 사람이 건강한 사람이다. 특별히 가족들과 함께한 잊을 수 없는 추억이 많은 사람이 좋은 사람이다.

친구를 사귀거나 결혼을 할 때도 그와 같은 면을 참고하는 것이 매우 중요하다. 좋은 추억이 있는 사람, 특별히 가족들과의 좋은 추억이 많은 사람과 함께 살면 삶이 풍성해지고 행복해지기 때문이다.

가족 간에 좋은 추억을 많이 만들기 위해 힘쓰는 사람들이 될 수 있기를 바란다.

🖐 신앙 기본으로 돌아가자

20년 전 대화

아이들: " 아빠, 놀아주세요. 아빠, 이게 뭔가요? 아빠, 이리 좀 와
보세요."

부 모: " 지금 시간이 없어. 넌 아빠가 놀러 다니는 줄 아니? 엄마
가 너희를 위해 얼마나 고생하는데…."

20년 후 대화

부 모: " 얘야, 얼굴 한번 보고 싶구나. 주말에 집에 들러줄 수 있
겠니?"

자 녀: " 어머니, 제가 요즘 얼마나 힘든지 알기나 하세요? 안 되
겠어요, 아버지. 요즘 회사가 너무 바쁘거든요."

자녀는 당신의 거울이다. 20년 후 어떤 자녀를 원하는가?

START
CHRISTIAN

PART 4

묵은 양심을
뒤흔들라

42 제사 문제

"돌아가신 부모님께 절 한번 올렸기로서니 그게 뭐 그리 큰 문젠가요.
불상 앞에 절한 것도 아닌데…."

온 가족이 다 예수를 믿는 가정이라면 제사 문제 때문에 어
려움을 당하지는 않겠지만 혹시 믿지 않는 가정에 시집을 갔
다거나 아니면 믿지 않는 집에서 혼자만 예수를 믿게 되었을
경우 제사가 문제시되어 가족 간의 관계가 어려워지는 경우
가 생길 수 있다.

그와 같은 어려움을 당할 때 믿는 사람들은 어떻게 해야 하는지 분명히 알아두는 것은 신앙생활에서 매우 중요한 일 중의 하나다.

제사 문제에 대하여 우리가 분명히 알아두어야 할 것은 예수 믿는 사람은 제사를 지내서는 안 된다는 것이다. 요즘 제사에 대하여 관대한 생각을 가지고 있는 사람과 교회들이 생겨나고 있지만 그것은 분명히 잘못되었다.

왜 기독교는 죽은 조상들에게 제사 지내는 것을 금하는가? 부모에게 효도하고 세상을 떠난 조상들을 기억하는 것은 좋은 일이다. 그러나 제사는 그런 정신으로 드리는 것이 아니다.

조상에게 제사를 드리는 사람들은 사람이 죽으면 신이 된다고 생각한다. 그리고 그 조상신을 잘 섬겨야만 집안과 자손이 잘 된다고 생각한다. 그러므로 그것은 우리 기독교적인 입장에서 보면 우상숭배에 속하는 일이요 우리 조상을 우상과 미신의 대상으로 만드는 어리석은 일이다. 따라서 우리 믿는 사람들은 조상에게 제사하지 않으며 그 앞에서 절하지 말아야 한다.

세계에서 가장 전도하기 어려운 나라가 있다면 그것은 회교 국가일 것이다. 회교 국가에서 전도를 한다는 것은 참으로 힘든 일이며, 힘든 일일뿐만 아니라 매우 위험한 일이다.

그런데 개인적인 생각이지만 그 회교 국가보다 더 선교가 어려운 나라가 있다. 그것은 일본이다. 일본은 전도를 법적으로 막는 나라도 아니요, 전도한다고 사람들이 핍박하는 나라도 아니다. 일본 사람들은 전도를 하면 그렇게 잘 받아들일 수가 없다고 한다. 그리고 실제로 종교에 관계없이 교회에서 결혼식을 올리는 커플도 부쩍 늘고 있다고 한다.

전도를 방해하지도, 거부하지도 않는데 일본 선교는 참 힘들고 어렵다. 그 이유는 일본 사람들은 다신론적인 사고방식을 가지고 있기 때문이다. 저들은 800만의 신을 섬기는 백성들이다. 따라서 예수를 전도할 때 별로 거부감 없이 받아들인다. 그런데 문제는 하나님을 800만 신 중의 하나로 받아들일 뿐 '유일신 하나님'으로 받아들이지 않는다는 것이다. 그래서 방해도 없고 거부도 하지 않는데 선교가 그토록 힘들고 어렵다.

여기서 우리는 종교다원주의적인 사고방식이 얼마나 우리의 신앙생활에서 위험한 사고방식인가를 알 수 있다. 그와 같은 사고방식에 빠지게 되면 유일신 하나님을 믿고 섬기는 신앙생활이 원천적으로 불가능해진다.

그런데 사실은 우리 민족이 근본적으로 가지고 있는 바탕이 바로 그 종교다원주의적인 사고방식이다. 우리의 조상들은 산도 신이고 바다도 신이고 해와 달과 별도 다 신이라고 생각했다. 심지어는 커다란 바위나 나무도 다 신이라고 생각하고 섬겼다.

그리고 그런 전통은 지금까지 없어지지 않아 요즘도 정월 대보름 같은 날 산이나 바다 그리고 강에 나가보면 촛불을 켜들고 제사하며 기도하는 수많은 사람을 만날 수 있다. 그런 면에서 우리나라와 일본은 그 뿌리가 같다고 할 수 있다.

그런데 왜 우리나라는 세계에서 가장 선교에 성공한 나라가 되었고 일본은 세계에서 선교가 가장 힘들고 어려운 나라가 되었는가? 거기에는 분명한 이유가 있는데 나는 그것을 천주교인들과 개신교인들이 흘린 순교의 피 때문이라고 생각한다.

천주교가 이 땅에 들어온 이후 저들은 말로 다할 수 없는 핍박을 받았다. 그리고 수많은 순교자를 내었다. 저들이 핍박을 받고 순교의 피를 흘린 가장 큰 이유는 조상에게 제사 드리기를 거부하였기 때문이다.

하나님은 오직 한 분뿐이시기 때문에 하나님 외에는 그 누구에게도 제사할 수 없고 절할 수 없다는 이 단순한 믿음을 위하여 얼마나 많은 교인이 피를 흘렸는지 모른다.

그와 마찬가지로 일제시대 때 참으로 많은 기독교인이 신사참배를 거부했다는 이유로 순교의 피를 흘려야만 했다. 주기철 목사님이 바로 그런 분이었다. 하나님은 오직 한 분이시므로 그 외에는 누구에게도 절할 수 없고 섬길 수 없다는 것이었다. 그 신앙 때문에 많은 기독교인이 순교했다.

이와 같은 천주교인들과 기독교인들의 순교를 통하여 신앙의 불모지와 같은 이 땅에 "하나님은 오직 한 분뿐이다"라는 확고한 유일신 신앙이 뿌리내리고 열매를 맺을 수 있게 된 것이다. 만일 천주교인들이나 우리 기독교인들이 유일하신 하나님께만 절하고 제사한다는 신앙 때문에 순교의 피를 흘리지 않았다면 우리는 아마 지금도 일본과 마찬가지로 세계에서 가장 복음 전도가 어려운 나라 중의 하나로 남게 되었을 것이다.

그럼에도 불구하고 요즈음 천주교가 제사에 대하여 관대한(?) 입장을 가지게 되었다는 것은 참으로 유감스러운 일이 아닐 수 없다. 우리 기독교인들만이라도 제사에 대하여 분명한 입장을 가지고 그것을 거부함으로, 우리 후손들에게 유일신 하나님을 믿고 섬기는 기독교 신앙의 전통을 이어가게 해야 할 것이다.

어떠한 어려움이 있다고 하여도 기독교인들은 조상에게 제사하지 않고 그 앞에서 절하지 않는다는 이 원칙을 분명히 하며 예수를 믿는 사람들이 될 수 있기를 바란다.

너를 위하여 새긴 우상을 만들지 말고 또 위로 하늘에 있는 것이나 아래로 땅에 있는 것이나 땅 아래 물 속에 있는 것의 어떤 형상도 만들지 말며 그것들에게 절하지 말며 그것들을 섬기지 말라 나 네 하나님 여호와는 질투하는 하나님인즉 나를 미워하는 자의 죄를 갚되 아버지로부터 아들에게로 삼사 대까지 이르게 하거니와 나를 사랑하고 내 계명을 지키는 자에게는 천대까지 은혜를 베푸느니라 출 20:4-6

🖐 신앙 기본으로 돌아가자

왜 제사를 드리는가? 부모님에 대한 존경심 때문에? 거짓말하지 말라. 조상 제사를 드리는 이유는 두 가지이다. 첫째 돌아가신 부모의 혼백과 내가 연결되어 있다고 생각함으로써 나도 영원한 삶(혼령, 귀신이 되어서라도)을 누린다는 종교심, 둘째 조상의 혼령을 잘 모심으로써 복 받을 수 있다는 이기심 때문이다. 첫째는 영생을 주시는 하나님을 무시하는 참람 불경죄요 둘째 이기심은 만악의 근원인 탐심의 다른 이름이니 이래저래 제사는 절대 불가이다.

"이게 쉽습니까? 예수 믿기 때문에 바보 되고 손해 보고
욕도 못 하고 무조건 참고 순종하고…"

예수님께
하듯하면
못할것 없지…

믿지 않는 집안으로 시집을 간 어느 며느리가 제사 때문에
많은 신앙적인 갈등을 겪게 되었다. 어떻게 하면 이 어려운
문제를 해결할 수 있을까를 생각하다가 성경 구절 하나가
머리에 떠올랐다. 그것은 로마서 12장 1절의 "그러므로 형제
들아 내가 하나님의 모든 자비하심으로 너희를 권하노니 너

희 몸을 하나님이 기뻐하시는 거룩한 산 제사로 드리라 이는 너희의 드릴 영적 예배니라"(개역한글)라는 말씀이었다.

그는 산 제사를 드리라는 말씀을, 죽은 조상에게 제사를 드리지 말고 살아 계시는 부모님들에게 제사를 드리듯 정성껏 잘 공경하자는 말씀으로 해석했다. 그리고 정말 살아 계시는 부모님에게 제사를 드리는 심정으로 열심히 공궤하고 봉양했다.

"지성이면 감천"이라고 그와 같은 며느리의 효도에 부모님들은 크게 감동을 하였고 며느리를 사랑하고 예뻐하게 되었다. 그리고 며느리가 하는 일은 무엇이든지 옳아보이고 좋아보이게까지 되었다. 부모님들은 자연스럽게 며느리가 믿는 예수님을 믿게 되었고 결국 집안에 제사가 없어지게 되어 며느리의 생각대로 산 제사가 죽은 제사를 몰아내게 되었다.

성경이 이야기하는 산 제사의 의미가 물론 그것이 아니라는 것은 잘 안다. 그러나 그런 의미의 산 제사가 있어야만 죽은 제사의 문제를 해결할 수 있겠다는 데는 전적으로 동의한다. 그리고 그렇게 하면 정말 죽은 제사의 문제를 해결할 수 있을 것이다.

믿지 않는 가정에서 제사의 문제를 양보받는다는 것은 절대로 쉬운 일이 아니다. 결코 만만한 일이 아니다. 그렇다고 해서 순순히 백기를 들고 항복할 수 있는 일도 아니다. 그렇게 해서는 안 된다. 아무리 힘들고 어려워도 아닌 것은 아닌 것이다.

그러나 신앙의 문제가 중요하다고 늘 가정과 등을 돌리고 불화하면서 살 수만도 없다. 가장 중요한 것을 이루기 위하여 그보다 못한 것들은 희생하여야 한다. 어느 누구보다 부모에게 효도하고 집안의 대소사를 그 누구보다도 더 잘 챙기고 헌신적으로 돌보아야만 한다.

최소한 제사를 드리지 않아도 용서를 받고 이해받을 수 있을 만큼 투자(?)를 미리미리 해야 하고 더 나아가 집안에서 제사를 없애고 모든 식구가 예수를 믿을 수 있을 만큼 희생해야 한다.

제사의 문제를 대수롭지 않게 여기는 것도 옳지 않고 집안의 갈등을 두려워하여 백기를 들고 항복하는 것도 옳지 않다. 그리고 제사 문제 때문에 평생을 갈등하며 집안을 멀리하고 살 수도 없고, 살아서도 안 된다. 그것을 신앙의 순수성을 지키는 것이라고 자위해서도 안 된다. 신앙의 순수성을 지키는 것은 좋으나 그것은 너무나 소극적인 방법이요 하나님이 기뻐하시는 방법은 분명 아닐 것이다.

부모님들과 가족들에게 산 제사를 드림으로 죽은 제사의
문제를 해결할 수 있는 사람들이 되기를 바란다.

👏 신앙 기본으로 돌아가자

상황이 그렇지 않아서 산 제사로 살지 못한다는 말은 변명에 불과
하다. 하나님께 산 제사를 드리라고 명령하신 것은 그 일이 쉬워서
가 아니라 반드시 필요한 일이기 때문이다. 바울은 자신을 산 제사
로 드릴 만한 환경이 됐기 때문에 이렇게 말했던가? 그가 살던 시
대는 로마라는 세속정부가 기독교를 공공연히 탄압하고 박해하던
시기였으며, 노예제도, 축첩, 정복전쟁, 이민족 차별이 백주 대낮에
펼쳐지던 때였다. 그도 알았다. 하지만 노예제도 폐지와 인권 신장
보다 먼저 산 제사로 사는 그리스도인의 삶을 요구했다. 변명하지
말자!

44 사회생활

함께 교회를 섬기는 교역자들과 소요산을 등산한 적이 있었
다. 소요산에는 원효대사가 있었다는 절이 하나 있는데 그
경관이 얼마나 아름다웠는지 모두가 다 감탄했다. 어느 전
도사 한 분이 우리나라의 좋은 곳은 모두 절이 차지하고 있
다고 불평처럼 이야기했다. 그때 나는 그 전도사님에게 그렇

지 않다고 대답해주었다. 정말 좋은 곳이란 좋은 곳은 모두 교회가 차지하고 있다고 말해주었다.

기독교의 교회는 세상에 있고 불교의 절은 대개 산속에 있다. 경관은 절이 더 좋을는지 몰라도 선교 전략적으로 볼 때 사실 절보다는 교회가 훨씬 더 좋은 자리를 차지하고 있다는 것을 우리는 알 수 있다.

불교는 예배와 수행의 장소로 깊은 산속을 택했지만 우리 기독교는 예배와 수행의 장소로 세상 한복판을 선택한 것이다. 그러므로 우리 기독교에서 세상은 단순한 세상이 아니다. 그곳이 곧 예배의 처소요 신앙의 장이다.

불교는 불교적인 수행을 위하여 세상을 버려야 하지만 기독교는 기독교적인 수행을 위하여 세상을 버리지 않는다. 오히려 세상 속에서 저들과 함께하면서 기독교적인 삶을 살 뿐만 아니라 저들에게 기독교적인 삶과 신앙을 전파한다. 불교는 사회생활과 신앙생활을 구분하지만 우리 기독교는 사회생활과 신앙생활을 구별하지 않고 하나로 보는 것이다.

우리 크리스천들에게는 크게 세 가지 생활의 장이 있다. 즉 교회와 가정과 사회이다. 그 세 곳에서의 생활, 즉 교회생활과 가정생활 그리고 사회생활을 모두 합쳐 우리는 신앙생활이라고 부르는 것이다.

그러므로 사회생활과 신앙생활을 따로 구분하고 구별하는 것은 불교적인 발상이라고 할 수 있다. 우리 크리스천들은 사회생활과 신앙생활을 동일선상에 놓고 생각해야만 한다. 그런데 많은 크리스천이 이와 같은 사실을 잘 알지 못하고 교회생활만을 신앙생활로 생각하고, 사회생활은 신앙생활과 관계없는 것으로 인식하고 살아가고 있다. 잘못된 일이 아닐 수 없다. 신앙생활에서 사회생활처럼 중요한 것은 없다. 사회생활이 신앙생활과 일치할 때 진정한 의미의 크리스천이라고 할 수 있을 것이다.

그러나 아직도 70퍼센트의 다수가 예수를 믿지 않는 세상 속에서, 크리스천들이 신앙생활의 연장선상에서 사회생활을 한다는 것은 말처럼 쉬운 일은 아니다. 많은 어려움과 실제적인 손해를 감수해야만 한다. 그러나 그렇다고 해서 함부로 포기할 수도 없다. 뱀같이 지혜롭고 비둘기같이 순결한 삶을 살기 위해 우리는 나름대로 연구하고 노력하고 기도해야만 한다. 그 좁고 힘든 길을 걸어내야만 한다.

그 길이 힘들다고 포기해버린다면 그는 사회생활뿐 아니라 궁극적으로 신앙생활을 포기하는 것과 같다. 그것은 절대로 포기할 수 있는 것이 아니다. 싸워서 승리해야만 하는 필수적인 것이다. 모든 크리스천은 사회생활의 신앙생활화를 위하여 최선을 다해야 한다.

🖐️ 신앙 기본으로 돌아가자

예수님 믿고 구원받았으면 그냥 천당으로 데려가실 일이지 왜 이 땅에 성도를 남겨두시는가? 이것을 보더라도 '예수 천당'은 구원의 한 결과이지 목적은 아니다. 주님께서 우리를 이 땅에 남겨놓으시고 우리를 보존하셔서 끝까지 믿게 하시는 데에는 이 세상에서 하나님의 덕을 기리고 그렇게 함으로써 세상을 좀 더 하나님의 다스림을 받는 영역으로 만드실 필요가 있어서다. 따라서 아프리카 오지, 네팔의 고산족, 포연이 채 가시지 않은 소아시아 지역에 선교사로 나가는 일 못지않게 사회생활을 잘하는 것이 하나님의 선교이다.

45 나는 크리스천이다

아주 오래전에 〈샘터〉라는 잡지에서 일본의 프로 야구선수로 활약하던 장훈 선수에 대한 글을 읽고 크게 감동받은 적이 있다. 장훈 선수가 프로로 데뷔하여 아주 좋은 성적을 내고 있었을 때 일본 선수들과 관중들은 그가 귀화하지 않은 한국 사람이라는 것이 못마땅했다. 그래서 어느 날 그가 타

석에 들어섰을 때 관중들이 한목소리로 "조센징 가라! 조센징 가라!"를 외쳤다고 한다.

장훈 선수는 잠시 타석에서 벗어나 관중들의 야유가 그치기를 기다렸다가 야유가 끝나자 타석에 들어서서 관중석을 향하여 이렇게 외쳤다고 한다. "그래 나는 조센징이다!" 그러고는 일본 투수가 던지는 공을 때렸는데 그 공이 홈런이 되었다는 것이다.

그 글을 읽으며 얼마나 통쾌했는지 모른다. 그리고 그때부터 나는 장훈 선수를 좋아하게 되었다. 민족적인 자존심을 가지고 사는 사람은 그가 누구든지 존경을 받아 마땅하다고 나는 생각한다.

독일 사람들이 유태인들을 멸시하기 위하여 가슴에 노란 별을 붙이고 다니게 했을 때, 유태인들은 모두 그 별을 달고 다녔다고 한다. 독일인이 무서워서가 아니라 자신이 유태인이라는 것을 자랑스럽게 여겼기 때문이었다. 어린아이들의 옷에 노란 별을 달아주면서 저들의 엄마들이 아이에게 해준 말은 "너희는 자랑스러운 유태인임을 잊지 말아라"라는 당부였다고 한다. 그것이 유태인이 나라 없이 2천 년을 살았음에도 불구하고 민족을 잃어버리지 않고 다시 나라를 세우는 불가사의한 힘의 근본이 된 것이다.

세상에 조선 사람이 조선 사람임을 부끄러워하여 은폐하고 감추는 것만큼 이상한 일이 없듯이, 유태인이 유태인 된 것을 부끄러워하여 감추고 은폐하는 것처럼 수치스러운 일도 없다. 그런 사람은 그가 누구든지 무시해도 된다. 그는 절대로 훌륭한 사람이 아니기 때문이다.

세상에 믿지 않는 사람이 3배쯤 많다고, 또 예수 믿는 것을 드러내고 사는 것이 좀 부담스럽고 고통스럽다고 해서 자신이 예수 믿는 사람인 것을 감추고, 마치 믿지 않는 사람인 것처럼 행동하고 산다는 것은 부끄러운 일이다. 그런 사람을 친구로 삼아서는 안 된다. 결혼해서는 더더욱 안 된다. 반드시 후회할 것이기 때문이다.

크리스천이 사회생활을 하면서 제일 먼저 해야 할 일 중의 하나는 자신이 그리스도인임을 모든 사람에게 알리는 일이다. 기회가 있으면 말로 밝히든지 아니면 식사 때 기도를 하고 식사한다든지 해서 자신이 크리스천임을 밝힐 수 있는 길은 얼마든지 있다. 유태인들이 가슴에 노란 별을 자랑스럽게 달고 다녔듯이 우리도 우리가 크리스천임을 자랑스럽게 여길 수 있어야 할 것이다.

누구든지 이 음란하고 죄 많은 세대에서 나와 내 말을 부끄러 워하면 인자도 아버지의 영광으로 거룩한 천사들과 함께 올 때 에 그 사람을 부끄러워하리라 막 8:38

✋ 신앙 기본으로 돌아가자

히브리인들의 어법에 따르면 이름은 그 사람의 인격과 운명, 능력 과 속성을 그대로 드러내는 기표(記標)이다. 이렇게 볼 때 우리가 크리스천이라는 이름으로 불리는 것은 대단한 영광이 아닐 수 없 다. 왜 그런가? 크리스천에서 크리스트는 누구인가? 바로 예수님이 아니신가? 우리가 그분의 이름으로 불리는 백성이 되었다면 그리 스도의 인격과 그분의 존재, 그분의 운명과 능력에 참여하는 자가 되었다는 뜻이 아닌가? 이 얼마나 영광스러운 일인가! 도대체 무엇 이 부끄럽고 창피한가? 왜 "나는 크리스천입니다"라고 밝히지 못 하는가?

46 세상에서도 통하는 예수

"목사님 말씀이야 좋지요. 착하게 살라, 양보하라.
하지만 그건 철없는 넋두리예요. 세상은 정글인데요."

우리나라의 기업 중에 기독교 정신으로 사업을 하여 크게 성
공을 거둔 기업들이 있다. 얼마나 자랑스러운 일인지 모른
다. 그중 한 기업의 사장과 미국에 간 일이 있었다. 미국에서
유학하고 있는 학생들을 위한 집회에 강사로 함께 갔던 것이
다. 그때가 1992년이었는데 나는 그때 그 사장이 학생들에

게 강의한 내용을 잊지 않고 있다.

그는 신앙의 양심을 가지고 사업을 하겠다고 결심했다고 한다. 뇌물을 주지 않고 기도로 문제를 해결하며 세금을 포탈하지 않고 정직하게 사업을 하겠다고 결심한 것이다. 예수 믿는 사람까지도 "그렇게 하면 우리 한국에서는 사업 못 한다"고 말렸지만 그는 그 결심대로 사업을 했다.

그는 그때 자신이 하고 있는 사업 중에 가장 힘든 것이 구두 사업이라고 했다. 정부에서 상품권을 유통시키지 못하게 하여 자신들은 현찰로만 장사를 하는데 다른 회사에서는 할부전표니 무슨 전표니 하여 편법으로 상품권을 유통시키고 있었기 때문이라고 한다. 원칙대로 장사하려니 편법을 쓰는 사람과 경쟁이 되지 않는다는 것이었다.

그런데도 그는 원칙을 고집하며 장사했다. 장사가 안 되어서 문을 닫을 망정 편법으로 사업을 하지는 않겠다는 것이 그의 고집이었다.

그런데 그때 그가 아주 놀라운 말을 했다.

"다른 사업도 다 마찬가지였습니다. 망하면 망하리라는 정신을 가지고 뛰었는데 10년을 뛰다 보니 우리가 일등입니다."

나는 평생 그 말을 잊을 수 없다. 그때 느꼈던 통쾌함은 지금도 잊을 수 없다.

　나도 부족하지만 나름대로 원칙주의자여서 설교 중에 '말씀대로', '진리대로', '원칙대로'라는 말을 잘하곤 했었다. 사람들이 "진리가 밥 먹여주냐?"라고 빈정거릴 때 나는 "너는 밥만 먹으면 사냐?"라는 말로 맞받아치곤 했다. 그러나 그분의 강의를 들은 이후로 나는 "진리가 밥 먹여준다!"고 당당하게 말하기 시작했다. 그리고 나는 정말 그때부터 진리가 밥 먹여준다는 것을 확신하게 되었다.

　사람들은 진리는 세상과는 별로 상관이 없는 것으로 잘못 알고 있다. 오히려 편법을 쓰고 적당히 불의와도 손을 잡아야만 성공하는 것으로 알고 있다. 그러나 그렇지 않다. 진리는 교회에서뿐만 아니라 세상에서도 통한다. 좀 더디 통하는 것뿐이지 반드시 통하게 되어 있다.

　편법을 쓰는 것은 모래 위에 집을 짓는 것과 같고 진리대로 사는 것은 반석 위에 집을 짓는 것과 같다. 시간이 좀 더디고 결과가 좀 늦게 나타나지만 사업도 진리대로 해야만 성공한다는 것을 우리는 알아야 한다. 예수는 교회에서만 통하는 것이 아니라 세상에서도 통한다는 것을 우리는 믿어야 한다.

1997년 IMF 한파가 몰아치면서 많은 사람이 직장을 잃었다. 특히 회사의 이사급에 있는 사람들이 많이 퇴직을 당했다. 그때 우리 교회에도 대기업의 이사로 있는 집사님이 계셔서 연말에 걱정이 되어 집으로 전화를 했었다. 주주총회가 끝나봐야 안다는 대답을 들었다.

그런데 그 집사님이 얼마 후에 '승진 감사헌금'을 내었다. 물어보니 주주총회에서 상무로 승진되었다는 것이었다. 얼마나 감사했는지 모른다.

그는 정말 성실한 신앙인이다. 직장에서도 신우회 회장을 맡아서 충성스럽게 봉사하는 등 내놓고 신앙생활을 하는 사람이다. 자기가 맡은 일에 정말 최선을 다하는 성실한 사람이다. 회사에는 그 말고도 자기가 맡은 일에 최선을 다하는 성실한 사람들이 많다. 그런데 최선을 다하면서도 정직한 사람은 그다지 많지 않다. 그러면서 겸손하기까지 한 사람은 정말 드물다.

사회생활을 신앙생활로 알고 살다 보니 그는 자연히 성실하고 정직하고 겸손한 사람이 되었다. 처음에는 그것 때문에 어려움도 많이 겪었다. 고지식한 사람으로 따돌림도 받았다. 그러나 결국 그는 인정받게 되었고 나라가 힘들고 어려울 때 회사를 맡아줄 적격자로 인정받아, 남들은 퇴직하는 때 오히려 승진을 하게 된 것이다.

이러한 경우들을 보면서 나는 예수님은 세상에서도 반드시 통한다는 확신을 갖게 되었다. 처음에는 물론 손해도 보고 어려움도 당할 것이다. 마치 손발을 묶고 경주하는 것과 같이 불리해보일 것이다. 그러나 한 10년 뛰다 보면 반드시 1등을 하게 될 것이다.

괜히 예수 안 믿는 사람인 것처럼 잔꾀 부리며 살다 보면 모래 위에 집을 짓는 사람과 같아서 결국은 무너지고 자빠지게 될 것이다.

그러나 처음부터 자신이 예수 믿는 사람인 것을 드러내고 진리대로 철저히 살다 보면, 처음에는 좀 힘들고 어려울는지 모르나 결국에는 인정받고 승리하는 사람이 될 것이다. 예수님은 자신을 '길'이라고 말씀하셨다(요 14:6). 예수님은 길이다. 교회에서뿐만 아니라 세상에서도 통하는 유일한 길이시다. 교회생활뿐만 아니라 사회생활도 예수 믿고 하는 사람들이 될 수 있기를 바란다.

🙌 신앙 기본으로 돌아가자

이 세상이나 세상에 있는 것들을 사랑하지 말라 누구든지 세상을 사랑하면 아버지의 사랑이 그 안에 있지 아니하니 요일 2:15

이것을 너희에게 이르는 것은 너희로 내 안에서 평안을 누리게 하려 함이라 세상에서는 너희가 환난을 당하나 담대하라 내가 세상을 이기었노라 요 16:33

예수님이 우리에게 "너희가 나가 싸워 세상을 이겨봐라" 하셨다거나, "나도 세상에서 고생했으니 너희도 고생 좀 해봐라"라고 하셨다면 누가 인내함으로써 이 싸움에 이길 수 있을까? 그러나 그분이 이미 이기셨고, 다만 우리에게 담대하라고 하시니 담대하자. 더도 덜도 말고 믿음에 견고하게 서자!

47 그리스도인과 술, 담배

"성경에 술 먹지 말란 얘기가 나오나요, 담배 피지 말라고 금했나요?
신앙 양심이 허락하면 무방하지 않나요?"

많은 교인들이 술과 담배 문제로 알게 모르게 고통당하고 있다. 그럼에도 불구하고 교회는 교인들이 술과 담배를 하면 안 된다는 것만 가르칠 뿐, 그것이 왜 신앙생활에 문제가 되는지에 대해서는 명확한 답변을 해주지 못하고 있다. 그렇기 때문에 교인들이 단호한 신앙적 결심으로 술과 담배를 끊지

못하고 엉거주춤한 자세로 흐리멍덩한 신앙생활을 하게 되는 것이다.

술과 담배의 문제는 과연 신앙적으로 문제가 되는가? 나는 술과 담배의 문제는 신앙적인 측면에서 접근하는 것보다는 문화적인 측면에서 접근하는 것이 더 정확하다고 생각한다. 문화에 따라서 술과 담배가 신앙적으로 문제가 될 수도 있고 문제가 되지 않을 수도 있기 때문이다.

술과 담배가 신앙적으로 문제가 되는 문화도 있고 그것이 신앙적으로 문제가 되지 않는 문화도 있다. 서구의 교회가 다 그런 것은 아니지만 서구의 교회 중에는 교인들이 술과 담배를 하는 것이 신앙적으로 문제가 되지 않는 교회가 많다. 그것은 저들이 술과 담배가 신앙적으로 문제가 되지 않는 문화 속에서 살아가고 있기 때문이다.

그러나 우리 한국의 문화는 그렇지 않다. 우리 한국의 문화는 술과 담배를 하는 것이 신앙적으로 문제가 되는 문화이다. 문화는 옳고 그른 것의 문제가 아니다. 그러므로 그러한 문화가 옳으냐 그르냐는 그다지 중요한 문제가 아니다. 한국에서는 기독교인이 술과 담배를 한다고 하면 예수를 엉터리로 믿거나 조금 타락한(?) 교인으로 인식한다. 그것이 우리 한국의 문화이다.

그러한 문화 속에서 신앙생활을 성실히 하는 사람이 술과 담배를 한다는 것은 절대로 쉬운 일이 아니다. 그러므로 술과 담배가 이미 신앙적으로 문제가 있는 것으로 여겨지는 문화권 속에서 신앙인이 술과 담배를 하게 되었다는 것은 신앙적으로 문제가 있다는 것을 의미하는 것이 된다.

그리고 또 중요한 것은 우리와 같은 문화권 속에서는 술과 담배를 하면서 깊고 바른 신앙생활을 유지한다는 것이 거의 불가능하다고 할 수 있다.

그러므로 한국에서 바른 신앙생활을 하려면 술과 담배를 해서는 안 될 것이다. 이미 술과 담배를 하고 있다면 그것을 끊어야만 할 것이다.

술과 담배를 끊지 않고도 경건한 신앙생활을 하려면 문화를 바꾸어야만 한다. 그러나 문화를 바꾸는 것보다는 술과 담배를 끊는 것이 훨씬 더 쉽고 옳다. 술과 담배가 신앙적으로 문제가 있느냐고 할 때 꼭 그렇다고 할 수는 없으나 문화까지 바꾸어가면서 술과 담배를 옹호해야 할 이유는 없지 않은가?

신앙적으로가 아니라 상식적으로만 생각해봐도 할 수만

있다면 술과 담배는 안 하는 것이 여러 면에서 좋은데, 무엇 때문에 술과 담배가 불신앙적으로 여겨지는 우리의 문화까지 바꾸어가며 술과 담배를 고집하겠는가? 그런 면에서 볼 때 술과 담배를 하는 것을 불신앙적으로 여기는 우리나라의 문화는 오히려 지켜지고 보호돼야 한다.

쓸데없고 무익한 변론을 가지고 자신의 흡연과 음주를 변호하려고 하지 말고 단호한 믿음을 가지고 그것을 끊고 하나님께로 깊이 들어와 바른 신앙생활과 교회생활을 할 수 있도록 권하고 싶다.

술과 담배를 끊는 법 하나를 이야기하자면 다음과 같다. 제주도의 어느 집사님 한 분에게 들은 이야기이다. 그분은 교회의 직분을 맡고 있으면서도 하루에 담배를 몇 갑씩이나 피우는 애연가였다고 한다. 그러다 보니 아무리 노력하고 애를 써도 작심삼일이어서 담배를 끊기가 무척 어려웠다고 한다. 길거리에서 교회의 목사님을 우연히 만날 때 열이면 아홉 번 손에 담배가 들려 있기 마련이어서 황급히 불도 끄지 못하고 바지 주머니에 담배를 넣어버려 옷을 태운 일이 한두 번이 아닐 정도였다.

그러던 중 교회에서 부흥회가 열리게 되었는데 그 집사님은 부흥회에 참석하여 하나님께 이렇게 부르짖으면서 기도했다고 한다.

"하나님, ○○ 집사는 담배 못 끊습니다. 내 힘으로는 도저히 끊을 수가 없습니다. 하나님께서 끊게 해주십시오."

놀라운 일은 그날로 담배를 끊었다는 것이다. 정확히 말하자면 담배를 끊은 것이 아니라, 담배가 끊어진 것이었다.

술과 담배의 문제를 생각할 때 범하기 쉬운 두 가지 중요한 주장이 있다. 첫째, 술 담배를 끊은 후에 예수를 믿겠다는 것과 둘째, 술과 담배는 간접적인 신앙의 문제이니 구태여 끊으려고 할 필요가 없다는 것이다. 둘 다 옳지 않다. 술과 담배는 교회생활을 하면서 끊어야 한다. 그리고 술과 담배는 문화적인 문제이지만 결국은 신앙의 문제에까지 영향을 끼친다는 것을 알고 멀리해야 한다. 또한 이미 손을 대었다면 끊어야 한다는 것이다.

술 취하지 말라 이는 방탕한 것이니 오직 성령으로 충만함을 받으라 엡 5:18

🖐 신앙 기본으로 돌아가자

바울은 그리스도 안에서 한 영혼을 얻기 위해 동포 유대인들의 살해 위협을 받아가면서까지 '헬라인에게는 헬라인으로' 대하는 융통성을 지닌 사람이었다. 그는 그리스도로 말미암아 엄청난 양심의 자유와 해방을 누린 사람이었지만 형제 한 사람을 실족시키지 않기 위해서 고기 먹는 일을 삼갈 정도였음을 우리는 잘 안다. 바울이 우리보다 못났는가? 그의 신앙이 우리보다 덜 견고했는가? 그가 자유를 몰랐는가? 아니다. 그에겐 자기의 자유와 권리보다 한 형제자매가 더 중요했다. 그리스도와 믿음의 형제자매를 위해서 술 담배쯤은 끊어버리자!

좀 도와드릴까요

1970년대 한국이 급성장하여 세계가 놀라워하고 있었을 때 일본 사람들 중에 한국이 일본을 따라잡는 것이 아닌가 염려하는 사람이 많았다고 한다. 그때 일본 신문에 어느 일본의 경제학자 한 사람이 "한국은 경계할 만한 나라가 되지 못한다"라는 내용의 글을 썼다고 한다. 그가 그런 주장을 하게 된 근거는 한국의 양반의식이었다.

"한국에는 양반의식이라는 것이 있는데 여러 가지 장점도 있지만 일하는 것을 천히 여기는 단점이 있다. 한국이 지금은 경제적으로 가난하고 어렵기 때문에 저렇게 열심들이지만 조금만 부요하게 되고 넉넉하게 되면 저들은 일을 하지 않게 될 것이고 그렇게 되면 자연히 성장이 멈출 것이다"라는 것이 그 학자의 주장이었다.

부끄럽지만 꼭 그대로 되었다. 소득 만 불도 되기 전에 3D 업종이라는 말이 나돌기 시작하였고 열심히 땀 흘려 일하는 정신을 잃어버리고 투기와 방탕으로 생활하더니 결국에는 국가가 부도가 나 하루아침에 수치를 당하는 나라가 되고 만 것이다.

방위 근무를 할 때 어느 날 마당을 쓸고 있었다. 나름대로 열심히 꼼꼼하게 쓸고 있는데 선배 하나가 와서 내 머리통을 한 대 쥐어박더니 "뭘 그렇게 바보처럼 시키는 대로 철저히 일을 하느냐"며 "군대생활은 요령이니 요령껏 해야 한다"고 일러주었다. 시범을 보여주었는데 대충대충 휴지를 주워내고 대나무 빗자루에서 가지 하나를 잘라내어 그것으로 비질을 한 것처럼 자국을 땅에 몇 곳 그은 후 조리로 땅에 물을 뿌리는 것이었다. 정말 그러고 보니 마당 전체를 깨끗이 비질한 것처럼 보였다.

사업을 하는 어느 집사님이 우리나라 경제가 이렇게 어렵게 된 것은 그 중요한 원인이 고임금에 있다기보다 저품질의 노동에 있다는 이야기를 해주셨다. 하루 8시간을 일하는 조건으로 월급을 주는데 하루 8시간을 일해주는 노동자가 우리나라에 거의 없다는 것이다. 8시간 또는 그 이상 근무를 하기는 하는데 적당히 하기 때문에 8시간 노동이 실제로는 이루어지지 않는다는 뜻이다. 그는 자기 회사의 노동자들이 하루에 3시간만 열심히 일해주면 얼마든지 회사를 발전시킬 수 있겠다고 했다.

이것이 바로 우리나라의 문제이다. 정직하게 그리고 성실하게 열심히 일하는 것을 모자라는 것으로 생각하고, 요령껏 적당히 대충대충 일하며 사는 것을 똑똑한 것처럼 여기는 풍조가 나라를 망하게 했다. 누군가가 이러한 우리의 문제를 해결해주어야만 한다. 누가 보든 보지 않든 월급을 더 주든 더 주지 않든 관계하지 않고 자기 맡은 일에 최선을 다하는 성실한 사람들이 나타나야만 한다. 그 일을 우리 그리스도인들이 담당해주어야 하지 않겠는가?

우리 그리스도인들은 누가 보든 보지 않든 하루에 최소한 8시간 이상은 열심히 최선을 다하여 땀 흘려 일해야 한다. 그리고 그 일을 더 잘하기 위하여 열심히 공부하고 연구하고 노력해야 한다. 그리하여 실력으로 세상의 고지를 정복하고, 정말 그 사람이 없으면 회사가 안 될 그러한 사람들이 되어야 한다. 예수 믿는 사람들은 성실하다는 이야기를 들어야만 한다. 우리 예수 믿는 사람들은 실력이 있다는 말을 들어야 한다.

그런데 우리는 사람들로부터 "예수쟁이들은 입만 살아서 말만 잘한다"는 부끄러운 이야기를 듣고 있다. "예수쟁이들은 죽으면 입만 천당 갈 것이다"라는 이야기를 듣고 있다. 물론 그 말이 다 옳은 것은 아니지만 우리는 반성해야 할 것이다.

일하기 싫어하거든 먹지도 말게 하라 살후 3:10

무슨 일을 하든지 마음을 다하여 주께 하듯 하고 사람에게 하듯 하지 말라 골 3:23

성실한 직장인이 되고 실력 있는 직업인이 되어 세상 모든 사람에게 칭찬받고 인정을 받음으로 하나님께 영광을 돌리고 나라도 살려내는 그리스도인들이 될 수 있기를 바란다.

👏 신앙 기본으로 돌아가자

크리스천들이 제일 헷갈리는 개념 가운데 하나가 공짜와 값없음이다. 공짜는 free이고 값없음은 priceless이다. 구원은 free인가 priceless인가? 그야 물론 priceless이다. 크리스천의 삶이 공짜로 저절로, 가만히 팔짱을 끼고 앉아 있어도 성숙해지고 승리하리라고 생각해서는 오산이다. 은혜의 진가를 아는 사람일수록 노력한다. 많이 용서받은 죄인일수록 뜨겁게 사랑한다. 하나님의 신실하심을 맛본 사람일수록 더욱 성실한 사람이 될 수밖에 없다.
"No Crown without Cross"(십자가가 없이는 면류관도 없다).

49 거룩의 능력

"예수 믿는 사람도 좀 즐길 줄 알아야 하는 것 아니에요?
처음부터 '하지 마라, 하지 마라.' 오, 신물 나는 종교생활."

많은 나라를 다녀본 것은 아니지만 이제껏 다녀본 나라 중에
개인적으로 가장 인상 깊었던 나라를 꼽으라면 나는 영국을
꼽을 것이다. 화려하지는 않지만 전통과 품위가 있는 나라
라는 생각이 들어서이다.

그럼에도 불구하고 후배 목사 한 분으로부터 다음과 같은

이야기를 들은 후 나는 더 이상 영국이 21세기에 세계를 이끌어갈 수 있는 나라가 되리라고 생각하지 않게 되었다.

영국에서 목회를 하고 있는 후배 목사가 들려준 이야기는 유치원에 다니는 어린아이들 중 아빠와 엄마가 모두 진짜 자기 엄마와 아빠인 아이들이 별로 많지 않다는 것이었다. 영국은 성적으로 문란한 나라여서 이혼율이 높기 때문이라는 것이다.

아무리 민주주의가 살아 있고 전통과 품위가 있다고 하여도 성적으로 문란한 나라가 되어 가정을 지키지 못한다면 더 이상 훌륭한 나라가 아니고 세계를 이끌어갈 수 있는 리더십도 가질 수 없다고 생각했다.

그런 점에서 미국은 영국과 다른 면을 우리에게 보여주었다. 물론 미국도 성적인 문란함과 방종이 영국 못지않겠지만 1990년대 미국에서 일어난 '프라미스 키퍼'(Promise-Keepers) 운동은 미국이 앞으로도 세계를 이끌어나갈 수 있는 리더십을 갖게 될 것이라는 전망을 가능케 한다.

'프라미스 키퍼'라는 운동은 미국 남자들이 그동안 자신들이 순결하지 못했음을 회개하고 모든 면에서 순결한 삶을 살 것을 서원한 운동인데, 수만 명에서 수십만 명에 이르는 미국 남성들이 미식축구 경기장에 모여서 며칠씩 집회를 했다. 1997년에 워싱턴 DC에서 열렸던 집회에는 100만 명의 남자들이 모였다고 하는데 바로 여기에 미국의 힘이 있다.

여기서 우리는 매우 중요한 사실 하나를 발견할 수 있다. 그것은 거룩함이 개인적으로나 국가적으로 말로 다할 수 없는 힘과 능력이 된다는 사실이다. 전통도 중요하고 경제도 중요하지만, 그것과 비교할 수 없는 것이 바로 깨끗함이다. 누가, 그리고 어느 나라가 더 깨끗하고 순수한가에 큰 힘이 달려 있다. 깨끗하고 순결한 사람, 그리고 그러한 나라가 힘 있고 능력 있는 사람과 나라가 된다.

구약 시대에 보면 지도자들을 선견자(先見者) 또는 선지자(先知者)라고 불렀다. 먼저 알고 미리 보는 사람이라는 뜻이다. 앞을 미리 그리고 정확히 내다보는 선견과 선지 능력이야말로 개인과 국가를 막론하고 필요한 능력이라고 할 수 있을 것이다.

오늘날 우리나라의 문제는 바로 이와 같은 능력을 가진 지도자가 없다는 것이다. 이 시대는 진정한 의미의 선지자와 선견자를 필요로 하고 있다.

누가 이 시대를 위하여, 이 나라와 민족을 위하여 선지자와 선견자의 역할을 감당해주겠는가? 그것은 전에도 그랬지만 지금도 하나님을 믿는 우리 그리스도인들이어야만 한다. 선견과 선지의 능력은 깨끗함에서 온다. 깨끗한 사람이 먼저 보고 정확히 본다.

나는 학교 다닐 때 바둑을 좀 두었었다. 정식으로 배운 것도 아니고 또 오랫동안 배운 것도 아니어서 약 10급 정도밖에 안 되는 것 같다. 그런데 이상한 것은 내 바둑을 두면 10급인데 남의 바둑을 훈수할 때는 8급 정도의 실력이 된다는 것이다. 그것은 비단 나만 그런 것이 아니다. 누구나 자기 바둑보다 훈수를 할 때 급수가 더 높아진다. 그 이유는 어디에 있는가?

옛말에 욕심에 눈이 먼다는 말이 있다. 내 바둑을 두게 되면 이겨야겠다는 승부욕에 사로잡히게 마련인데, 그러면 승부욕에 눈이 멀어 볼 수 있는 수도 보지 못하게 된다. 그러나 남의 바둑을 훈수할 때는 승부욕이 없어지므로 마음이 깨끗해져서 전에 보지 못하던 수를 읽고 볼 수 있게 된다. 여기서 우리는 깨끗함에서 선견과 선지의 능력이 나온다는 사실을 깨달을 수 있다.

그래서 예수님도 마음이 청결한 자가 하나님을 본다고 말씀하신 것이다. 마음이 청결하면 하나님이 보인다. 하나님의 수가 보인다. 그러므로 그는 선견자가 되고 선지자가 될 것이며 모든 승부에서 승리하는 삶을 살 수 있다. 깨끗함 즉 거룩과 순결이 능력이다.

오늘날 이 시대와 나라는 깨끗하고 순결한 사람을 고대하고 있다. 특히 기본적으로 육체적인 순결을 지키며 물질에 대하여 순결을 지키는 사람을 이 시대가 요구하고 있다. 우리나라도 점점 육체의 순결을 지키기 쉽지 않은 나라가 되어가고 있다. 그 가운데 가정과 사회가 파괴되고 있다. 우리나라도 결혼하는 6쌍 중에 한 쌍이 이혼한다는 통계가 나오고 있다. 그 모든 것이 육체의 순결을 경히 여기는 문화와 무관하지 않다.

육체의 순결을 경히 여기는 문화 속에서 육체의 순결을 지킨다는 것은 바보스러운 일이요 촌스러운 일이다. 그러나 누군가는 바보스러운 사람이 되어주어야만 한다. 그 몫을 우리 그리스도인들이 담당해주어야만 한다.

오늘날 이 시대와 나라는 물질에 대하여 깨끗하고 순결한 사람을 고대하고 있다. 전직 대통령이 둘씩이나 부정한 돈 때문에 감옥에 들어갔던 나라, 두 전직 대통령을 감옥에 넣었던 대통령의 아들마저 똑같은 이유로 감옥에 들어갔던 나라가 부끄럽지만 바로 우리나라이다.

돈에 대하여 정직하지 못한 나라가 되어 세계 사람들이 신임할 수 없는 나라가, 부끄럽지만 바로 우리나라이다. 그것이 오늘날 우리 국가 파탄의 제일 가는 원인 중 하나라는 사실을 모르는 사람은 아마 없을 것이다. 나라와 민족을 위하여 돈에 깨끗한 사람이 나와야 한다. 그래야만 이 나라와 민족이 다시 살아날 수 있다.

누군가는 그와 같은 사람이 되어주어야만 한다. 누가 그 일을 감당할 것인가? 그 몫도 역시 우리 그리스도인들이어야만 한다.

우리나라에서 최근 실제로 있었던 일이라고 한다. 어느 공무원에게 회사 사장 한 사람이 잘 봐달라면서 봉투를 내밀었다. 그러자 그 공무원은 다음과 같이 이야기하며 봉투를 사절했다고 한다.

"충분히 이해합니다. 아마 저라도 그렇게 했을 것입니다. 그러나 저는 예수 믿는 사람입니다. 그렇기 때문에 이 봉투를 받을 수 없습니다. 제가 최선을 다해서 일이 잘 되도록 살펴드릴 테니 걱정하지 마시고 돌아가십시오."

할 수 있으면 우리 예수 믿는 사람들이 뇌물을 주는 자리보다 뇌물을 받을 자리를 정복하자. 그리고 이 공무원처럼 누군가가 뇌물을 들고 온다면 모두 그렇게 말하고 봉투를 돌려주는 사람이 되자. 물론 공무원의 월급만 가지고 산다는 것은 참으로 힘들고 어려운 일이지만 뇌물을 가지고 넉넉하게 산다는 것은 부끄럽고 어리석은 일이다. 그와 같은 욕심에 사로잡히면 결국 눈이 멀어 자충수를 두게 되고 결국 멸망하고 말 것이다.

깨끗한 사람이 되자. 거룩의 능력을 지닌 사람이 되자. 이 시대가 그와 같은 사람을 고대하고 있다. 로마서 8장 19절에 보면 피조물이 하나님의 아들들의 나타남을 고대하고 있다고 말씀하고 있다.

이름만 하나님의 아들이 아니라 정말 거룩의 능력을 가진 거룩한 하나님의 자녀들을 이 시대는 고대하고 있다. 거룩한 삶을 살아가는 그리스도인들이 되자.

👏 신앙 기본으로 돌아가자

거룩은 분리이다. 모든 분리에는 아픔이 동반된다. 하지만 거룩을 위한 분리, 그로 인한 아픔은 우리에게 생명을 보상으로 준다. 예수 때문에 '촌놈', '반문명인', '편협한 인간', '극단적인 사람'이란 평을 듣는 게 그렇게 겁이 나는가? 우리 주님은 이 세상에서 '도무지 세상에 두지 못할 인간', '없어져야 할 적'으로 미움 받으셨는데, 그분의 제자를 자처하는 우리가 어찌 세상에서 사랑받고 인기 끌고 순둥이처럼 아무 박해 없이 어떤 어려움도 없이 순하게만 믿으려 하는가? 거룩함을 이루기 위해 고민하라. 박해 받으라. 거룩은 잘라버리는 아픔 속에서 싹튼다.

50 원칙을 지키는 생활

내가 개인적으로 좋아하는 말 중에 '군자유어의 소인유어이'(君子喩於義 小人喩於利)라는 말이 있다. 공자의 논어에 나오는 말이다. 군자는 매사에 그것이 의로운 일인가 불의한 일인가를 먼저 생각하지만, 소인은 그것이 나에게 이익이 되는가 손해가 되는가를 먼저 생각한다는 뜻이다.

사탄은 40일을 금식하고 주리신 예수님에게 돌로 떡을 만들어 먹으라는 시험을 했다. 이는 수단과 방법을 가리지 말고 먼저 네 배부터 채우라는 말로서 예수님을 소인배처럼 행동하도록 하려는 의도가 있었다. 그러나 우리 예수님은 그와 같은 사탄의 시험에 대하여 "사람이 떡으로만 사는 것이 아니요 여호와의 입에서 나오는 모든 말씀으로 살 것이니라"라고 말씀하심으로 시험을 이겨내셨다.

　내가 아주 싫어하는 속담 중에 "모로 가도 서울만 가면 된다"라는 말이 있다. 사실은 그와 같은 정신 때문에 지금 우리나라가 이렇듯 어려움에 처하게 된 것이다. 오늘 우리의 역사는 모로 가서는 절대로 서울에 도달할 수 없다는 교훈을 우리에게 가르쳐주고 있다. 모로 가서 도착한 서울은 서울이 아니다. 힘들고 어려워 보여도 서울은 똑바로 가야만 갈 수 있다는 것을 우리는 알아야 한다.

　우리 민족은 그동안 너무나 힘들고 어려운 삶을 살아왔다. 일본의 식민지 생활과 6·25 동란 그리고 세계에서 가장 가난한 나라의 삶을 살아왔다. 원칙대로 줄을 서다가는 배급을 타지 못해서 굶어 죽을 수도 있는 그런 절박한 상황 속에서 살아왔다.

그러므로 새치기와 같은 편법과 요령이 자연히 생명을 유지하는 절박한 수단으로 여겨져왔고 그것이 우리도 모르는 사이에 문화가 되고 만 것이다.

　그러나 편법과 요령으로는 절대로 성공적인 삶을 살 수 없다. 절대로 좀 더 나은 삶으로 발전해나갈 수 없다. 힘들고 어려워도 정도를 가고 원칙을 지켜내는 삶을 살아야 삶이 발전하고 성공한다.

　다른 나라 사람들은 우리 한국을 가리켜 '되는 것도 없고 안 되는 것도 없는 나라'라고 부른다. 그것은 부끄러운 일이다. 참으로 미개한 후진국을 의미하는 말이기 때문이다. 소득이 3만 불이 되고 OECD에 가입한다고 해서 나라가 선진국이 되는 것은 아니다.

　선진국이 후진국과 다른 것은 다만 소득의 차이만이 아니다. 얼마나 원칙이 잘 지켜지는가 그렇지 않은가가 선진국과 후진국을 결정하는 중요한 요소가 된다는 것을 우리는 알아야 한다.

　인도의 국부인 마하트마 간디는 '사회의 7가지 대죄'를 이야기한 적이 있었다. 그중 첫째가 원칙 없는 정치였다. 오늘 우리나라의 가장 큰 문제가 바로 이 원칙 없는 정치이다. 재벌과 정치가 야합하여 오고간 부정한 돈들이 이 사회를 원칙이 통하지 않는 형편없는 사회로 만들어놓은 것이다. 그래서 나라가 통째로 무너지고 있다. 모로 가도 서울만 가면 된다고 수단과 방법을 가리지 않고 돌로 떡을 만들어 먹다가 망하고 있다.

누군가 우리나라를 진정한 의미의 선진국으로 만들어가는 사람들이 있어야 한다. 그들이 누구여야 하겠는가? 우리 예수 믿는 그리스도인들이어야 하지 않겠는가? 너무 소인배처럼 이익과 손해만 생각하지 말고 말씀을 생각하고 진리를 생각하고 원칙에 따라 생각하고 행동하는 사람이 되어야 하지 않겠는가? 40일을 굶은 후에도 돌로는 떡을 만들어 먹지 않겠다는 그런 고집을 가지고 우리도 살아야 하지 않겠는가?

하나님께서 우리를 산으로 들여보내지 않으시고 세상으로 내보내신 것은 바로 그와 같은 문화와 전통을 만들어내라는 뜻이 아니겠는가? 먹고 사는 문제는 하나님께 맡기고 이해가 되든 되지 않든 하나님의 말씀대로 원칙을 중히 여기며 사는 사람들이 되어야 하지 않겠는가?

예수님은 우리에게 좁은 길로 가라고 말씀하셨다. 원칙을 따라 말씀대로 사는 것은 마치 좁은 길을 가는 것과 같다.

그러나 예수님의 말씀대로 좁은 길을 가본 사람은 누구나 아는 일이 있다. 예수님의 길은 처음에는 좁지만 갈수록 넓어진다는 것이다. 그러나 사탄의 길은 처음에는 넓지만 갈수록 좁아진다.

사소한 것 같아 보여도 원칙과 룰을 지키는 사람이 되도록 노력해야 한다. 운전을 할 때 신호를 지키며 운전하도록 힘써야 한다. 사람이 있든 없든 빨간 불이면 서고, 파란 불이면 가는 규범을 열심히 지켜야 한다. 정지선을 지키는 일도 연습해야 한다. 편법과 요령을 버리고 정도로 걸어가는 삶을 훈련해야 한다.

처음에는 그것이 손해가 되는 것 같고 부자유스러워 보여도 그렇지 않다. 그런 삶이 익숙해지면 익숙해질수록 우리의 삶은 유익해지고 자유로워진다. 그래서 예수님은 요한복음 8장 32절에서 "진리를 알지니 진리가 너희를 자유롭게 하리라"라고 말씀하신 것이다.

떡보다 말씀을 더 중히 여겨 모든 삶의 원칙을 지키며 사는 그리스도인들이 될 수 있기를 바란다.

🤚 신앙 기본으로 돌아가자

현상으로 원리를 재단하지 말고 원리로 현상을 판단하라. 아무리 휘황찬란한 기적이 일어나고 아무리 많은 사람이 "이 길이 참 길이오" 하고 몰려가도 부화뇌동하지 말라. 베뢰아 사람들은 사도가 전한 말씀을 듣고도 그것이 원칙(구약 성경)에 맞는가 안 맞는가 하여 살피던 원칙주의자들이었다. 구약 이스라엘 백성들이 받던 가장 큰 시험 가운데 하나는 현란한 이적을 일으키며 발호하는 거짓 선지자들을 원칙으로 분별해내는 것이었다. 물러서지 말라. 양보하지 말라. 하나님은 이런 고집쟁이들을 역사에 남기신다.

51 친일파? or 독립군?

"신앙에도 대세를 따르는 센스가 중요한 것 아니에요?
나 혼자 독야청청, 휴으-, 너무 힘들어요."

20여 년 전, 외국어대학교 교수님들과 함께 성경 공부를 한 적이 있다. 많은 숫자가 모이는 것은 아니나 매우 중요한 모임이라 생각하고 나름대로 열심히 참석했다. 어느 날, 함께 공부하는 교수님으로부터 매우 귀한 이야기를 하나 들었다.

개강한 지 얼마 되지 않아 학교 게시판에 자신을 예수 믿는 교수라고 밝힌 후 자기와 함께 성경 공부를 하기 원하는 학생은 신청하라는 내용의 인쇄물을 붙였다는 것이다. 반신반의하면서 붙였는데 20여 명의 학생이 신청을 하였고 더 놀라운 일은 그중 9명이 전혀 교회생활을 하지 않는 학생이었다는 것이다.

내가 만일 외국어대학교 게시판에 그와 같은 광고를 붙였다면 과연 학생들이 신청했을까? 혹 나를 잘 아는 예수 잘 믿는 학생들이라면 모를까 교회생활을 전혀 하지 않는 학생들이 그 광고를 보고 나와 함께 성경 공부를 하겠다고 지원하지는 않았을 것이다.

여기서 우리는 매우 중요한 사실 하나를 발견하게 된다. 그것은 학원선교를 하는 데는 목사보다는 교수가 훨씬 더 유능하고 적격이라는 사실이다. 그래서 하나님은 예수 잘 믿는 사람을 무조건 다 목사로 만들지 않으시고 어떤 사람은 교수로, 어떤 사람은 정치가로, 또 어떤 사람은 사업가로 만드신 것이다.

하나님이 우리를 어떤 사람은 교수로, 어떤 사람은 의사로, 또 어떤 사람은 군인으로 부르신 것은 단순히 그와 같은 직업을 통하여 개인적인 야망을 달성하고 또 생계를 유지하라는 뜻에서가 아니다. 그 분야에서 주의 복음을 전하는 선교사가 되라고 그런 직업을 우리에게 주신 것이다. 그래서 마틴 루터와 같은 종교 개혁자들은 직업을 곧 소명으로 이해했던 것이다.

그런데 많은 그리스도인이 바로 이와 같은 직장에서의 선교적 소명을 잊어버리고 살아가고 있다. 선교적인 소명을 잊어버린 정도가 아니라 아예 직장에서는 예수 믿는 '척'도 하지 않고 살아가는 사람도 얼마나 많은지 모른다.

일제시대 때 우리 조선 사람이 살아가는 데는 두 가지 방법이 있었다. 하나는 친일파로 살아가는 것이고 또 다른 하나는 독립군으로 살아가는 것이다. 일세시대 때 우리나라가 독립이 된다는 것은 참으로 불가능한 일처럼 보였을 것이다. 그리고 그런 희망 없는 일에 헌신한다는 것은 참 위험한 일이었다. 그래서 많은 조선 사람이 독립군이 되는 것을 포기하고 친일파가 되어 일본 사람 흉내를 내면서 살았다. 그렇게 하면 일본 사람들 상에서 떨어지는 부스러기라도 먹을 수 있었기 때문이다.

그러나 개중에는 많은 희생과 어려움이 있음에도 불구하고 나라의 독립을 위하여 자신의 모든 것을 희생하고 일본과 대항하여 이 땅에 조선 독립을 이루기 위하여 싸운 사람들이 있었다. 전자는 역사에 두고두고 부끄러운 이름과 삶을 남기게 되었고, 후자는 역사에 두고두고 아름다운 이름과 삶을 남길 수 있게 되었다.

아직도 70퍼센트의 사람들이 예수를 믿지 않는 세상에서 예수 믿는 사람으로 살아간다는 것은 생각처럼 쉬운 일이 아니다. 세상 속에서 예수 믿는 사람들이 살아가는 데는 두 가지 방법이 있을 수 있다. 하나는 친일파로서의 삶을 살아가는 것이고 또 다른 하나는 독립군으로서의 삶을 살아가는 것이다.

조선 사람임에도 불구하고 일본 사람인 척 살아갔던 사람들이 있었던 것처럼 엄연히 예수 믿는 사람임에도 불구하고 예수 믿지 않는 사람처럼 자신을 숨기고 은폐하면서 세상 사람들과 똑같이 살아가는 사람들이 있다. 영적 친일파인 셈이다.

그러나 예수 믿는 사람으로서 살아간다는 것이 힘들고 어려운 줄 알면서도, 자신을 예수 믿는 사람으로 드러낼 뿐만 아니라 이 땅에 하나님나라를 건설하기 위하여 자신의 삶을 독립군처럼 헌신하는 사람도 있다. 또한 직장을 선교의 장으로 알고 자신의 직분과 직위를 십분 발휘하여 전도하는 사람도 있다.

고시를 준비하던 대학생 하나가 기도하다가 성령 체험을 하게 되었다. 마음이 뜨거운 나머지 열심히 기도하다가 선교사가 되겠다고 하나님께 서원 기도를 해버리고 말았다. 서원 기도를 한 후 그는 즉시 고민에 빠지게 되었다. 그동안 열심히 준비해왔던 고시 공부를 그만두어야만 했기 때문이었다. 많은 고민을 하다가 어느 날 나를 찾아와 상담을 요청했다. 그의 질문은 "서원 기도를 하고서 그것을 어기면 하나님께 벌을 받겠지요?"라는 것이었다.

나는 그 학생에게 그가 생각하는 선교의 개념이 좁다는 이야기를 해주었다. 아프리카나 인도네시아와 같은 나라만 선교지가 아니라 우리나라의 법조계도 매우 중요한 선교지라는 이야기를 해주었다. 그리고 우리나라의 법조계에 선교사로 가려면 고시에 패스해야만 한다는 이야기도 해주었다.

그 말을 들은 학생은 마치 죽었던 사람이 살아난 것처럼 보였다. 그렇게 기뻐할 수가 없었다. 둘 중에 하나는 버려야만 하는 줄 알았던 것이 둘 중에 어느 것도 버리지 않아도 된다는 것을 알았으며, 둘이 합하여 선교적 소명을 감당할 수 있다는 것을 알았기 때문이었다. "목사님 고맙습니다. 저는 꼭 그런 선교사가 되겠습니다"를 외치며 돌아가던 그 학생을 나는 지금도 잊을 수 없다.

여러분은 지금 직장과 세상에서 독립군으로 살아가고 있는가 아니면 친일파로 살아가고 있는가? 여러분은 앞으로 독립군으로 살아갈 것인가 아니면 비겁한 친일파로 계속 살아갈 것인가?

🖐 신앙 기본으로 돌아가자

요나단은 왜 다윗을 목숨처럼 사랑했는가? 다윗이 노래를 잘해서? 악기를 잘 다루니까? 용맹한 전사라서? 용모가 준수해서? 아니다. 이보다 더 큰 이유가 있었다. 요나단은 역사의 큰 흐름이 자기 아버지 사울에서 다윗에게로 옮겨지는 기운을 느꼈다. 역사의 실세가 새롭게 떠오르는 것을 감지한 것이다. 요나단은 역사의 실세 편에 섬으로써 자기와 가문을 보존하고 하나님의 신정왕국 설립에 크게 공헌한 신실한 백성이 되었다. 당신은 인생의 막후 실세를 발견했는가? 그에게 줄을 대 두었는가?

"지나치면 모자람만 못하다. 이게 성현의 가르침 아닙니까.
예수도 그야말로 적당히 믿어야지요."

모든 사람이 공통적으로 소원하는 것이 있다면 그것은 행복일 것이다. 많은 사람은 행복하게 살기를 소원한다. 그런데 정작 자신들의 소원대로 행복하게 사는 사람은 그다지 많지 않다. 행복의 소원은 누구에게나 있지만 정작 행복하게 사는 법과 길을 잘 모르고 있기 때문이다.

사람들은 막연히 많은 것을 소유할 때 행복해질 것이라고 생각하나 사실은 그렇지 않다. 사람은 무엇을 소유했을 때 행복해지는 것이 아니라 죽을 만큼 사랑하는 사람과 일을 만났을 때 행복해지는 것이다.

  행복한 삶을 살려면 죽을 만큼 사랑하는 사람을 만나야 한다. 모든 것을 다 주어도 아깝지 않을 그런 사람을 만나야만 한다. 어느 날 아내가 살림하는 것을 한번 살펴본 일이 있다. 교회에 헌금하는 돈을 빼고 우리 자신을 위하여 쓰는 돈을 계산해보니 대부분의 돈을 아이들 셋이 다 쓰고 있었다. 정작 돈을 맡아 살림을 하는 아내는 일 년 내내 자기 옷 한 벌 변변히 사 입지 못하고 아이들 뒤치다꺼리를 하느라고 온 정신을 다 쏟고 있었다. 내 아내는 그저 밥만 먹고 사는 사람 같아 보였다. 그러나 그럼에도 불구하고 내 아내는 절대로 불행한 여자가 아니다.

  자녀와 가족이 없이 자신이 버는 돈을 혼자서 다 써도 되는 사람들도 있을 것이다. 입고 싶은 옷도 마음대로 사 입고 먹고 싶은 것도 마음대로 사 먹을 수 있을는지는 모르나 그렇게 사는 것이 행복한 것은 아니다. 자기는 못 입고 못 먹어도 열심히 벌어 먹이고 입힐, 사랑하는 가족이 있다는 것이 행복한 것이다.

결혼하여 가정을 갖게 되면 부담스럽고 손해본다고 평생을 결혼하지 않고 혼자 독신으로 살려고 하는 사람이 있다면 세상에 그처럼 어리석은 사람이 어디 있겠는가? 온몸과 마음 그리고 온 삶을 다 헌신할 사람을 만나 평생을 사랑하며 사는 데 진정한 행복이 있다는 것을 모르는 사람이 어디 있겠는가?

행복하기 위하여 사랑하는 사람을 만나도록 기도하라. 그리고 사랑하라. 죽도록 사랑하라. 그를 위해 모든 것을 버리고 희생하고 헌신하라.

신앙생활도 마찬가지다. 많은 사람이 신앙생활을 부담 없이 하려고 한다. 교회에 너무 깊이 발을 들여놓으면 부담이 많아져서 힘들다 하여 교회와 언제나 일정한 간격을 두고 생활하려는 사람들이 많다. 대형교회가 점점 더 부흥하고 발전하는 중요한 요인 중의 하나는 대형교회에 출석하면 부담 없이 교회생활을 할 수 있기 때문이다.

그러나 그것은 절대로 현명한 일이 아니다. 교회생활을 제대로 하려면 보통 부담이 가는 것이 아니다. 물질적으로 시간적으로 많은 희생을 각오해야만 교회생활을 제대로 할 수 있다. 그럼에도 불구하고 그 부담을 회피하는 것은 지혜로운 일이 아니다.

하나님을 사랑하여 교회생활과 신앙생활에 따르는 부담을 전혀 부담으로조차 느끼지 않고 기쁘게 헌신하며 희생하는 사람들도, 적지만 분명히 있다. 사람을 사랑하여 헌신하여도 그것이 우리에게 축복이 되고 행복이 되거든 하물며 하나님을 사랑하여 하나님께 온전한 헌신을 하며 사는 사람의 삶이 어찌 행복하고 복되지 않겠는가?

예수를 잘 믿기도 물론 쉽지는 않지만, 아예 예수 믿는 것을 포기하고 예수를 안 믿고 사는 것도 생각처럼 쉬운 일은 아니다. 이왕에 믿을 예수라면 열심히 믿는 것이 좋다. 적극적으로 헌신하여 믿는 것이 좋다. 그래서 예수님도 "누구든지 나를 따라오려거든 자기를 부인하고 자기 십자가를 지고 나를 따를 것이니라"(마 16:24)라고 말씀하신 것이다.

신앙생활을 꾀부리며 하지 말고 헌신적으로 열심히 하는 지혜로운 사람이 될 수 있기를 바란다.

🖐 신앙 기본으로 돌아가자

영적 세계에서는 '중도'나 '중용'이 통하지 않는다. 하나님 자녀 아니면 마귀 자식, 예수 사람 아니면 세상 사람, 천국 백성 아니면 지옥 백성, 이 둘 중 하나뿐이다. 믿음의 자태와 열도에서도 마찬가지이다. 믿으면 뜨거울 수밖에 없는 것이고 안 믿으면 냉담하고 미지근할 수밖에 없는 것이다. 믿는다고 하면서도 미지근하거나 신앙인을 자처하면서 차갑고 냉랭한 것은 있을 수 없다. 재채기와 사랑은 감출 수 없다고 했는데, 어디 그뿐이랴! 믿음도 감출 수 없다!

53 하나님의 젓가락

"복이요? 그거 하나님 마음 아닙니까?
설마 무슨 비결이 있으려고요. 그냥 믿다 보니 받는 거지요."

대심방 때 점심을 담당하기로 한 어느 집사님이 내 아내에게
전화를 걸어 내가 좋아하는 음식이 무엇인가를 물으신 적이
있다. 이왕이면 목사인 내가 좋아하는 것으로 점심을 대접하
고 싶어서였다. 그러나 아내는 그 질문에 대답해주지 않았
다. 그냥 뭐든지 다 좋아하고 잘 드신다고만 대답했다고 한

다. 왜냐하면 남편이 무엇을 좋아한다고 이야기하면 평생 그것만 먹게 될 가능성이 높기 때문이다. 목사는 그래서 뭘 좋아한다는 소리를 함부로 하면 안 된다. 실제로 어느 목사님은 가난한 교인 가정에서 칼국수 대접을 받으면서 칼국수를 좋아한다고 이야기했다가 그것을 정말로 알아들은 교인들이, 가는 집마다 칼국수를 대접하여 곤혹(?)을 치른 일도 있었다.

그 집사님은 그냥 자신의 생각대로 음식을 장만하는 수밖에 없었다. 그러나 그와 같은 정성 때문이었는지 입에 맞는 음식이 있어서 식사를 아주 맛있게 할 수 있었다. 그런데 참 재미있는 일이 일어났다. 다음 날 다른 구역 심방을 하는 중에 점심 대접을 받게 되었는데, 어제 아주 맛있게 먹은 음식이 거기에서도 나온 것이다. 어떻게 똑같은 음식이 나오느냐고 묻자 그날 점심을 준비한 집사님이 이렇게 대답하는 것이었다.

"사모님에게 전화를 해서 물으니 안 가르쳐 줍디다. 그래서 어제 점심을 대접한 집사님 댁에 전화를 걸어서 물었죠. 목사님 젓가락이 어디로 많이 가더냐고요."

그 정성에 나는 참으로 감동했다. 그리고 생각했다. '목회를 저 마음으로 하면 성공하리라. 하나님의 젓가락이 어디로 가는가를 살펴보고 하나님이 좋아하시는 일을 열심히 하면 반드시 성공하리라.' 그날부터 내가 좋아하게 된 성경 구절이 있다. 그것은 고린도후서 5장 8,9절 말씀이다.

우리가 담대하여 원하는 바는 차라리 몸을 떠나 주와 함께 있는 그것이라 그런즉 우리는 몸으로 있든지 떠나든지 주를 기쁘시게 하는 자가 되기를 힘쓰노라 고후 5:8,9

경기도 광주에서 몇몇 교회가 연합하여 제직 수련회를 가진 적이 있었다. 사흘 저녁 집회를 맡아 갔었는데 집회를 주관하는 목사님으로부터 집회 전에 일찍 와서 목사님들과 함께 식사를 하자는 연락을 받았다. 연락을 받고 가니 보신탕을 잘한다는 집으로 들어가는 것이었다.

그런데 나는 불행히도 보신탕을 전혀 먹을 줄 모른다. 원래 육식을 별로 좋아하지 않는 데다가 특히 지독한 애견가여서, 개를 거의 사람 취급할 만큼 끔찍이 여기는 사람이니 보신탕을 먹는다는 것이 내게는 불가능한 일이었다. 앞이 캄캄했다. 저들이 미안해할 것을 생각하면 정말 걱정이 태산 같왔다. 큰일은 아니었으나 역시 그날 저녁 식사는 피차 힘든 식사가 되고 말았다.

아무리 그래도 강사에게 한번 물어도 보지 않고 보신탕 집으로 나를 데리고 간 것은 잘한 일은 아니다. 나는 그날 목회도 저렇게 하면 안 될 터인데 하는 생각을 혼자서 했다. 그날 식비는 물론 교회가 지불했을 것이고 교회의 지불명세서에는 분명 강사 접대비라고 기록되어 있었을 것이다.

강사 접대를 빙자하여 저 좋아하는 음식을 먹으면서도 그것을 강사 접대라고 하는 사람들이 있듯이 저 좋아하는 일을 하면서 그것을 목회라고 하는 사람들은 세상에 얼마나 많을까 생각해보았다. 하나님의 젓가락을 생각하며 하나님이 좋아하시는 음식을 장만하고 대접하는 심정으로 목회를 해야겠다고 다시 한번 다짐할 수 있었다.

이왕에 예수를 믿으려면 잘 믿어야 한다. 열심히 믿어야 한다. 그래야만 예수 믿는 맛도 알게 되고 예수를 믿는 자에게 주시는 하나님의 축복이 무엇인지도 알게 된다. 평생을 성전 뜰만 밟고 다니거나, 제 딴에는 열심히 교회생활을 한다고 하여도 밤낮 저 좋은 일만 생각하고 예수를 믿으면 예수 믿는 진정한 즐거움과 맛은 모르게 되고 말 것이다.

이왕에 믿는 예수, 한번 열심히 잘 믿어보자. 그리고 정말 주님을 기쁘시게 해드릴 것이 무엇인가를 시험해보고 그것을 해드리기 위하여 힘쓰는 사람들이 한번 되어보자. 하나님의 젓가락이 어디에 많이 가는지를 살펴보고 하나님이 좋아하시는 것을 장만하여 대접하는 심정으로 예수를 믿는 사람들이 되어보자.

🖐 신앙 기본으로 돌아가자

정말 큰돈을 번 국제적인 갑부들에게 물어보라. 그들은 결코 돈을 좇아다니지 않는다. 돈이 그들을 좇아다닌다. 다시 말해서 돈을 벌려고 전전긍긍 좌불안석이 아니라, 돈이 움직이는 방향과 길목을 지키고 앉았다가 흐름을 확 낚아챈다. 하나님께 복 받고 싶은가? 하나님의 복을 구하려고 동분서주 뛰어다닐 필요 없다. 울고불고 매달릴 필요 없다(?). 좋아하는 반찬에 젓가락이 더 가듯이 하나님의 젓가락질을 받을 마음 자리와 정갈한 행위로 그분의 복을 기다려라. 이런 복은 나가라고 쫓아도 당신을 따라온다!

크리스천 스타트

초판　1쇄 발행　1998년 3월 20일
초판　70쇄 발행　2018년 6월 15일
개정판 1쇄 발행　2019년 2월 15일
개정판 13쇄 발행　2025년 4월 1일

지은이　　　김동호

펴낸이　　　여진구
책임편집　　이영주
편집　　　　박소영 최현수 구주은 안수경 김도연 김아진 정아혜
책임디자인　노지현 | 마영애 조은혜 정은혜
홍보 · 외서　진효지
마케팅　　　김상순 강성민　　　　　　　　마케팅지원　최영배 정나영
제작　　　　조영석 허병용　　　　　　　　경영지원　　김혜경 김경희

303비전성경암송학교 유니게 과정
이슬비전도학교 / 303비전성경암송학교 / 303비전꿈나무장학회

펴낸곳　　　규장

주소　06770 서울시 서초구 매헌로 16길 20(양재2동) 규장선교센터
전화　02)578-0003　팩스　02)578-7332
이메일　kyujang0691@gmail.com　　　　　홈페이지　www.kyujang.com
페이스북　facebook.com/kyujangbook　　인스타그램　instagram.com/kyujang_com
카카오스토리　story.kakao.com/kyujangbook
등록일　1978.8.14. 제1-22

책값　뒤표지에 있습니다.
ISBN 978-89-6097-569-9 03230

규 | 장 | 수 | 칙

1. 기도로 기획하고 기도로 제작한다.
2. 오직 그리스도의 성품을 사모하는 독자가 원하고 필요로 하는 책만을 출판한다.
3. 한 활자 한 문장에 온 정성을 쏟는다.
4. 성실과 정확을 생명으로 삼고 일한다.
5. 긍정적이며 적극적인 신앙과 신행일치에의 안내자의 사명을 다한다.
6. 충고와 조언을 항상 감사로 경청한다.
7. 지상목표는 문서선교에 있다.

하나님을 사랑하는 자 곧 그의 뜻대로 부르심을 입은 자들에게는 모든 것이 合力하여 善을 이루느니라(롬 8:28)

규장은 문서를 통해 복음전파와 신앙교육에 주력하는 국제적 출판사들의
협의체인 복음주의출판협회(E.C.P.A:Evangelical Christian Publishers
Association)의 출판정신에 동참하는 회원(Associate Member)입니다.